Karin Zimmermann · Sigrid Metz-Göckel · Kai Huter

Grenzgänge zwischen Wissenschaft und Politik

**Geschlecht & Gesellschaft
Band 37**

Herausgegeben von

Ilse Lenz
Michiko Mae
Sigrid Metz-Göckel
Ursula Müller
Mechtild Oechsle
Marlene Stein-Hilbers (†)

Karin Zimmermann
Sigrid Metz-Göckel · Kai Huter

Grenzgänge zwischen Wissenschaft und Politik

Geschlechterkonstellationen in wissenschaftlichen Eliten

VS VERLAG FÜR SOZIALWISSENSCHAFTEN

VS Verlag für Sozialwissenschaften
Entstanden mit Beginn des Jahres 2004 aus den beiden Häusern
Leske+Budrich und Westdeutscher Verlag.
Die breite Basis für sozialwissenschaftliches Publizieren

Bibliografische Information Der Deutschen Bibliothek
Die Deutsche Bibliothek verzeichnet diese Publikation in der Deutschen Nationalbibliografie;
detaillierte bibliografische Daten sind im Internet über <http://dnb.ddb.de> abrufbar.

1. Auflage September 2004

Alle Rechte vorbehalten
© VS Verlag für Sozialwissenschaften/GWV Fachverlage GmbH, Wiesbaden 2004

Der VS Verlag für Sozialwissenschaften ist ein Unternehmen von Springer Science+Business Media.
www.vs-verlag.de

Das Werk einschließlich aller seiner Teile ist urheberrechtlich geschützt. Jede Verwertung außerhalb der engen Grenzen des Urheberrechtsgesetzes ist ohne Zustimmung des Verlags unzulässig und strafbar. Das gilt insbesondere für Vervielfältigungen, Übersetzungen, Mikroverfilmungen und die Einspeicherung und Verarbeitung in elektronischen Systemen.

Die Wiedergabe von Gebrauchsnamen, Handelsnamen, Warenbezeichnungen usw. in diesem Werk berechtigt auch ohne besondere Kennzeichnung nicht zu der Annahme, dass solche Namen im Sinne der Warenzeichen- und Markenschutz-Gesetzgebung als frei zu betrachten wären und daher von jedermann benutzt werden dürften.

Umschlaggestaltung: KünkelLopka Medienentwicklung, Heidelberg

Gedruckt auf säurefreiem und chlorfrei gebleichtem Papier

ISBN 978-3-8100-4207-1   ISBN 978-3-322-81028-1   (eBook)
DOI 10.1007/978-3-322-81028-1

Inhalt

Verzeichnis der Tabellen und Übersichten 7

Vorwort und Danksagung 9

Einleitung 11

I.   Theoretisch-analytische Bezugnahmen 15
1.   Politische und herrschende Klassen, Eliten und
       die Scientific Community 15
2.   Zur Entwicklung der Expert/innenschaft in der Hochschulplanung 22
3.   Auswahl und Zusammensetzung der Untersuchungsgruppe 25
4.   Der Machtraum der wissenschaftspolitischen Steuerung 27
5.   Die Indikatoren zur Erhebung des kulturellen Kapitals 29

II.   Die Ergebnisse der Fragebogenerhebung 33
1.   Sozialstrukturelle Determinanten 33
1.1   Soziale Herkunft und Milieu. Die These der Homogamie 34
1.2   Alter, Fach und Geschlecht. Das Anciennitätsprinzip 37
1.3   Der vergeschlechtlichte Raum der Fakultäten 39
2.   Die Akkumulation des kulturellen Kapitals
       im wissenschaftlichen Feld 41
2.1   Die Professur als Voraussetzung 42
2.2   Die Wege von der Professur aufwärts 45
2.3   Leitungsaufgaben und Leitungspositionen. Das Kapital an
       wissenschaftlicher und universitärer Macht 47
2.4   Forschungsaktivitäten. Der Erwerb des
       wissenschaftlichen Prestiges 51
2.5   Kulturelles Kapital durch Auszeichnungen und Preise 52
3.   Innen und Außen des wissenschaftlichen Feldes 53
3.1   Die Zuschreibung der Anerkennung 53
3.2   Grenzziehungen 57

4.	Wissenschaftseliten	66
4.1	Zwischen Wissenschaft und Politik	66
4.2	Selbstzuordnungen und Abgrenzungen von ‚Elite'	69
4.3	Das Zusammenwirken von Wissenschaft und Politik	74
4.4	Zwischen Status Quo und Quote	79
III.	**Die qualitative Studie zum Cross over**	**83**
1.	Die Bewegung zwischen Wissenschaft und Politik als Cross over	83
1.1	Zur Auswahl der Spitzenfrauen	84
1.2	Zum sozialen Hintergrund der Spitzenfrauen	85
2.	Karrieren in der Wissenschaft	86
2.1	Die wissenschaftlichen Werdegänge	86
2.1.1	Gelegenheitsstrukturen machen Professorinnen. Berufungen während der 1970er Jahre	86
2.1.2	Berufungen auf traditionellen Wegen. Professuren in den 1980er Jahren	88
2.1.3	Die Frauen der Wende. Berufungen in den 1990er Jahren	90
2.1.4	Fachliche und hochschulpolitische Neuorientierungen	90
2.2	Zur Generierung von Anerkennung	91
2.3	Wege in die Leitungspositionen der Hochschule	95
3.	Wissenschaftlerinnen als Akteurinnen im wissenschaftspolitischen Machtfeld	101
3.1	Die Erste oder die Einzige. Im Spannungsfeld zwischen Pionierin, anerkannter Expertin und Legitimationsfrau	102
3.2	„Das waren alles fachliche Experten plus". Muster der Rekrutierung von Expert/innen in der Hochschulplanung	109
4.	Wissenschaftlerinnen in der Politik	115
4.1	Spielregeln des politischen Feldes	116
4.2	Selbstzuordnungen zum Feld der Wissenschaft oder Politik	124
4.3	Politik und Politikberatung als Orte der Wahrnehmung gesellschaftlicher Verantwortung?	126
IV.	**Grenzgänge zwischen Wissenschaft und Politik. Ein Fazit**	**129**
Literatur		**135**
Anhang		**141**

Verzeichnis der Tabellen und Übersichten

Der Machtraum der wissenschaftspolitischen Steuerung 26
Bildungsabschlüsse der Eltern und Partner/innen 32
Berufliche Stellung der Eltern und Partner/innen 33
Zuordnung zu den Altersgruppen 35
Alter und Fach 36
Fächerzuordnungen 37
Fach und Geschlecht 38
Berufungsjahrgänge 41
Professuren an Hochschulen und Forschungseinrichtungen 43
Statusdifferenzierung an Universitäten 43
Leitungspositionen in Hochschulen- und Wissenschaftsorganisationen 46
Repräsentative Ämter in Hochschulen und Wissenschaftsorganisationen 47
Forschungs- und Gutachter/innentätigkeiten 49
Kulturelles Kapital durch Auszeichnungen und Preise 50
Einschätzung von Diskriminierungsfaktoren ....52f.
Einschätzung des Stellenwertes ‚wissenschaftlicher' Auswahlkriterien ....56f.
Einschätzung des Stellenwertes ‚politischer' Auswahlkriterien ....61f.
Positionen im politischen Feld 66
Selbstzuordnung und Abgrenzung von ‚Elite' 68
Gründe für Selbstzuordnung und Abgrenzung von ‚Elite' ....70ff.
Das Zusammenwirken von Wissenschaft und Politik 73
Veränderungsbedarf in der Wissenschaftspolitik ....75ff.
Vorschläge zur Veränderung geschlechterasymmetrischer Beteiligung ....78f.
Anteil von Frauen in Leitungspositionen der (Fach-)Hochschulen 94

Vorwort und Danksagung

Der Ruf nach Elite und Elitehochschulen ist in der wissenschafts- und forschungspolitischen Diskussion in der Bundesrepublik in Mode gekommen. Über Parteigrenzen hinweg und medienwirksam transportiert, ist das Reden über Elite auch über die Wissenschaft hinausgehend selbstverständlich geworden. Kaum noch angezweifelt werden Notwendigkeit und Existenz einer besonderen Leistungselite, die angesichts schwieriger Herausforderungen durch die wirtschaftliche Globalisierung herausragende Leistungsbereitschaft, Führungsstärke und den Willen zum Erfolg verkörpert.

Das neuerliche Interesse an Elite wirft Fragen der Rekrutierung und Reproduktion von Spitzen- und Führungsgruppen sowie der Definition und Anerkennung von Leistungen und deren Legitimierung auf. Fragen gesellschaftlicher Leistungsbewertung werden in dem vorliegenden Buch exemplarisch für das wissenschaftliche Feld aufgegriffen und am konkreten Fall empirisch untersucht. Auf den feldtheoretischen Grundgedanken aufbauend, dass Wissenschaft und Politik nicht autonom je für sich, sondern in Konstellationen wechselseitiger Bezugnahmen wie ein Machtfeld funktionieren, rücken auch die Geschlechterverhältnisse als ein relationales Beziehungsgefüge in das Zentrum dieses Buches.

Besonderer Dank gilt den 91 Personen, die im Rahmen der Untersuchung über ihre Wege in die Professur, zu ihren akademischen Ämtern und Funktionen in Hochschulen, Forschungseinrichtungen und wissenschaftspolitischen Organisationen Auskunft gaben, und darüber hinausgehend zu ihren politischen Aktivitäten, Selbst- und Fremdeinschätzungen von ‚Elite' wie zu Fragen geschlechtsspezifischer Integration Stellung bezogen. Ohne die Auskunftsbereitschaft der 81 Personen, die sich an der Fragebogenerhebung beteiligten und ohne die große Gesprächsbereitschaft von weiteren zehn Wissenschaftlerinnen wäre dieses Buch so nicht entstanden.

Das Forschungsprojekt wurde am Hochschuldidaktischen Zentrum der Universität Dortmund zwischen 2000 und 2002 durchgeführt. Der Deutschen Forschungsgemeinschaft gilt Dank für die finanzielle Absicherung im Rahmen ihres Forschungsschwerpunktes „Organisation, Profession, Geschlecht".

An der Projektarbeit beteiligt waren Melanie Gropp, Ines Homburg, Kerstin Manzke, Nadja Tiefenbach, Anja Tigges und Stephanie Wenz, die als studentische Hilfskräfte in verschiedenen Phasen des Projektes zu seinem Gelingen beigetragen haben. Ihnen möchten wir an dieser Stelle ebenfalls danken.

Berlin, Dortmund, Hamburg, im Mai 2004
Karin Zimmermann, Sigrid Metz-Göckel, Kai Huter

Einleitung

Die Frage, wer aufgrund welcher Merkmale zu den Eliten gehöre und ob Oberschichten oder herrschende Klasse etc. heute noch oder wieder alternativ zum Elitebegriff als Kategorien wissenschaftlicher Beschreibung und Analyse zu gebrauchen wären, gehören zu den Desiderata der sozialwissenschaftlichen Elitenforschung in der Bundesrepublik (vgl. z.B. Hradil/ Imbusch 2003). Nicht zuletzt die ideologische Aufladung des Elitebegriffs, seine antimarxistische und antipluralistische Stoßrichtung und die Diskreditierung von Eliten durch den Nationalsozialismus in Deutschland mögen bei so manchen Soziolog/innen Distanz gegenüber den verschiedenen Varianten nachmachiavellistischer Elitetheorien erzeugt haben. „Oder ist es der typische Mittelschicht-Bias und ein entsprechendes Herkunftsmilieu vieler Soziologen gewesen, der hier den Blick habituell oder professionsbedingt verengt und bestenfalls noch auf die Unterschichten, soziale Bewegungen usw. gerichtet hat, nicht aber auf die Eliten?" (Imbusch 2003: 15)

Eine ähnlich distanzierte Haltung, wie Peter Imbusch sie für die zeitgeschichtlichen Konjunkturen des Elitethemas in der Soziologie nach 1945 feststellt, lässt sich für die Frauen- und Geschlechterforschung konstatieren. Auch hier besteht eine ausgesprochen ambivalente Haltung fort, wie sie z.B. aus einer der bis heute selten gebliebenen Publikationen hervorgeht, die sich u.a. mit der Frage befasst, ob Eliten überhaupt ein Thema der Frauenforschung sein könnten. So stellt Barbara Vogel in dem in der Reihe „Deutsche Führungsschichten in der Neuzeit" erschienenen Tagungsband „Frauen auf dem Weg zur Elite" (Schulz 2000) aus der Sicht der historischen Frauenforschung fest, dass Eliteforschung und Frauenforschung ideologisch und methodisch unterschiedlichen Lagern angehörten, weshalb es bis heute auch kaum gegenseitige Bezugnahmen gebe (Vogel 2000: 39). Frauen- und Geschlechterforscherinnen haben sich primär mit berühmten Frauen und Frauenbewegungen wie etwa den Protagonistinnen der ersten bürgerlichen Frauenbewegung befasst. Diesen sei, so Vogel, ein Elitebewusstsein zwar zu bestätigen, während ihre eigentliche Intention jedoch auf Gleichberechtigung und Emanzipation gerichtet, und daher antielitistisch ausgerichtet gewesen sei; eine Frage, die in dem genannten Tagungsband durchaus kontrovers diskutiert wird. So kommt z.B. Christina Klausmann (2000: 76) hinsichtlich der Einordnung der ersten bürgerlichen Frauenbewegung zu dem Schluss, dass sie zu den Eliten des Kaiserreiches keine Gegensätze bildeten, „im Gegenteil: In der bürgerlichen Frauenbewegung bildete sich eine weibliche Elite heraus", deren Protagonistinnen als jene Führungsgruppe zu erkennen sei, welche über das erforderliche „Leistungswissen" verfügte, um den gesellschaftlichen und politischen Wandel mitgestalten zu können. Da Frauen als soziale Gruppe bis heute keinen Ort in Elitetheorien haben und Eliten bisher als „männliche Konstrukte" definiert sind, müssten auch die Konzepte „demokratischer Elitenherrschaft als ‚Männerherrschaft'" erst noch erforscht werden (Vogel 2000: 40, Kahlert 1999).

Die Frage nach dem Verhältnis von Frauen- und Geschlechterforschung und Elitenforschung sowie die Frage nach der sozialen Verortung von Frauen und von Männern in gesellschaftlichen Eliten sind Forschungsdesiderate, die in diesem Buch aufgegriffen werden. Ausgehend von der derzeitigen Diskussion um Wissenschaftseliten, wissenschaftliche Exzellenz, Leistungs- und Wettbewerbsfähigkeit deutscher Hochschulen und Forschung ist die Herangehensweise an das Elitenthema eine exemplarische. Im Rahmen einer theoriegeleiteten, empirischen Analyse werden wissenschaftliche Eliten bzw. Steuerungseliten des wissenschaftlichen Feldes als ein besonderer Fall konzipiert. Damit rückt das Interaktionsfeld zwischen Wissenschaft und Politik in den Vordergrund, an dem sich soziale Reproduktion, Rekrutierung und Elitenintegration fall- bzw. feldbezogen studieren lassen. Dabei ließen wir uns von folgenden Fragen leiten: Wie gestaltet sich die Integration von Wissenschaftler/innen in forschungs- und wissenschaftspolitische Kontexte? Auf welche Ressourcen stützen sich Macht und Einfluss von Expert/innen aus der Wissenschaft? Wie sind die Ressourcen zwischen den Wissenschaftlern und Wissenschaftlerinnen, wie zwischen Wissenschaft und Politik verteilt? Fühlen sich die Wissenschaftler/innen der feldspezifischen ‚Elite' zugehörig?

Im ersten Teil des Buches werden mit dem klassischen Elitebegriff, dem Konzept der Scientific Community, der politischen Klasse, den pluralistischen Leistungs- und demokratietheoretisch konzipierten Funktionseliten verschiedene Zugänge zum Elitenthema aufgegriffen, das in der Elitenforschung in der Bundesrepublik erst wieder seit den 1960er Jahren relevant wurde. Der Überblick über die soziologischen, politikwissenschaftlichen und wissenschaftssoziologischen Ansätze (vgl. I.1.) erfüllt den Zweck, die mit den verschiedenen Elitebegriffen verbundenen Vorverständnisse des Gegenstandes der empirischen Untersuchung zu entwickeln. Die Frage nach den Verbindungslinien zwischen der Frauen- und Geschlechterforschung einerseits und der Elitenforschung andererseits wird im Schlussteil des Buches noch einmal aufgegriffen. Aufgrund der Schwerpunktsetzung auf die empirische Fallanalyse kann es dort nur darum gehen, einige Unzulänglichkeiten und Unzugänglichkeiten der rezipierten elitetheoretischen Ansätze hinsichtlich der Integration der Kategorie Geschlecht (Gender) herauszugreifen, und Forschungsdesiderata zu benennen. Ebenso muss die kritische Reflexion, die die Erkenntniswerkzeuge, Kategorien und analytischen Konzepte, die uns hierfür zur Verfügung stehen, zu einem eigenständigen Erkenntnisgegenstand zu machen hätte (Krais 2003: 35, Engler/ Zimmermann 2002), weitgehend ausgeklammert und künftigen Untersuchungen überlassen bleiben.

Als ein Weg dahin erscheint ein Ansatz fruchtbar, der am Begriff der herrschenden Klasse, präziser: des Machtfeldes, in der Ausarbeitung durch den französischen Soziologen Pierre Bourdieu anknüpft. Wenn auch in der deutschen Soziologie nicht unumstritten, eröffnet dieses Konzept Optionen, um die Brücke zwischen Eliten- und Geschlechterforschung zu schlagen, ohne dabei einen herrschaftskritischen Anspruch aufgeben zu müssen. Hierin, wie in der Möglichkeit symbolische Ordnungen einzubeziehen, liegt der besondere Wert der Bourdieuschen Konzeption des Machtfeldes, insbesondere für konstruktivistisch orientierte Genderanalysen (Dölling/ Krais 1997: 10). Wie Bourdieu mit seinen Untersuchungen zu den sozialen Feldern der Kultur dokumentiert hat, zu denen auch die Wissenschaft zu rechnen ist, funktionieren sie immer auch nach einer eigenen Logik und sind zum Zeitpunkt jeder Bestandsaufnahme als „das Ergebnis sozialer Auseinandersetzungen, sich durchkreuzender, sich überlagernder, gegenseitig beeinflussender Strömungen des Denkens und Handelns einer Vielzahl sozialer Akteure zu begreifen. (...) Die Verortung der Akteure im sozialen Raum kommt (...) dann in den Blick, wenn man Herrschaft explizit als arbeitsteiliges Geschäft begreift und die Beziehungen, Abhängigkeiten und auch die personalen Verflechtungen zwischen den verschiedenen Machtfeldern thematisiert" (Krais 2003: 48), wie z.B. Kunst und Medien oder wie hier zwischen Wissenschaft und Politik.

Die sozialen Positionen der insgesamt 91 Personen, deren Laufbahnen im Mittelpunkt des Buches stehen, lassen sich in dem Machtraum der wissenschaftspolitischen Steuerung (vgl. I.4.) verorten. Der Machtraum erfüllt den Zweck einer heuristischen Konzeption, um die soziale Reproduktion, Rekrutierung und Integration von Führungsgruppen des Machtfeldes zwischen Wissenschaft und Politik von innen heraus zu verstehen. In dem Machtfeld agieren die Professor/innen als soziale Akteur/innen, die als Wissenschaftler/innen primär über kulturelles Kapital verfügen und sich z.B. über die Politik beratende Expert/innenschaft auch dem politischen Raum annähern. Die Darstellung der Indikatoren für die Erhebung der verschiedenen Formen des kulturellen Kapitals (vgl. I.5.) rundet den in die empirische Untersuchung einführenden ersten Teil ab.

Die anschließende Ergebnisdarstellung erfolgt in zwei Teilen. Der Darstellung der Ergebnisse aus der Fragebogenerhebung unter Beteiligung von 81 Personen (vgl. II.) folgt die qualitative Studie zum Cross over zwischen Wissenschaft und Politik (vgl. III.). Die Datenbasis bilden hier zehn Interviews mit Wissenschaftlerinnen, die über vielfältige Erfahrungen aus wissenschaftlichen und (wissenschafts-)politischen Handlungszusammenhängen verfügen.

I. Theoretisch-analytische Bezugnahmen

1. Politische und herrschende Klassen, Eliten und die Scientific Community

Den Gegenstand dieser Untersuchung bilden Wissenschaftler/innen, die – aus verschiedenen Fachdisziplinen kommend – eine Fachhochschul- oder Universitätsprofessur innehaben. Damit haben sie die höchste Statusposition erreicht, die die akademische Laufbahn zu bieten hat. Innerhalb des wissenschaftlichen Feldes gehören sie zu den Inhaber/innen der Spitzenpositionen und werden aufgrund dieses sozialen Status in Teilen der Forschungsliteratur implizit (vgl. z.B. Hartmann 2002) oder explizit als „Wissenschaftselite" (Krais 2000) bezeichnet.

Im Zusammenhang dieser Untersuchung sind die Professor/innen auch Expert/innen in der Politikberatung, speziell auf dem Gebiet der Hochschulplanung und -entwicklung, und als solche auch ‚Grenzgänger/innen' in bzw. zwischen den Feldern politischer bzw. wissenschaftspolitischer Eliten. Von diesen von uns so bezeichneten Cross-over-Positionen ausgehend, stellt sich an den Forschungsstand und an die zu skizzierenden elitetheoretischen Konzeptionen die Frage, inwieweit sie Anknüpfungspunkte bieten für die Analyse der sozialen Reproduktion, Rekrutierung und Elitenintegration im Schnittpunkt dieser zwei gesellschaftlichen Felder, Wissenschaft und Wissenschafts- bzw. Hochschulpolitik.

Bei dieser Frage nach Kopplungen zwischen Wissenschaft und Politik bzw. den Cross-over-Positionen sind in der Forschungsliteratur zunächst disziplinäre Grenzziehungen zu vermerken. Die Politikwissenschaft, die Soziologie und die soziologische Wissenschaftsforschung stellen analytische und theoretische Konzepte bereit. Sie arbeiten mit unterschiedlichen Begriffen wie Funktions- und Leistungselite, politische und herrschende Klasse und der Scientific Community.

Zentrale Themen auch im sozialwissenschaftlichen Diskurs der Bundesrepublik seit den 50er Jahren sind Macht und Einfluss auf gesamtgesellschaftliche Entwicklungen, der Vorrang und die Auslese der Besten (vgl. Endruweit 1986, Felber 1986), kurz: die Beschreibung, Analyse und Theoretisierung sozialer Positionen, die in der Gesellschaft gegenüber anderen hervorgehoben und mit Herrschaft konnotiert sind.[1] Seither ist eine Vervielfältigung der Begriffe festzustellen, die auf unklare Bezugsgrößen (z.B. bei der Frage, wer zur Spitze gehört)

---
1 Vgl. z.B. Dahrendorf 1965, Jaeggi 1969 sowie Scheuch/Scheuch 1992.

und auf Abhängigkeiten von den begrifflichen Vorannahmen hinweist. So treffen wir auf Führungsgruppen, auf das Establishment, auf die herrschende oder regierende Oberschicht, auf politische und herrschende Klassen, Cliquen, Prominente, Wert-, Macht-, Leistungs- oder Funktionselite(n) etc. (vgl. z.B. Leif et al. 1992).

In der deutschen Politikwissenschaft bilden die Regierungspolitik, Parteien, Parlamente und der Staat die zentralen Bezugspunkte der Elitenforschung und -theorien. Als Klassiker gilt der Politikwissenschaft Pareto, der den Begriff zu Beginn des 20. Jahrhunderts in die Sozialwissenschaften eingeführt hat. Bei Pareto beinhaltet Elite die besondere Funktion, Machtträger zu sein, auf die sich die Herrschaft stützt. In seinem Modell vollzieht sich eine stetige Zirkulation der Eliten, wobei Einzelne, d.h. besonders starke, begabte und leistungsfähige Individuen in die Elite kooptiert werden. Paretos Zirkulationsmodell geht in einer Dichotomie „Elite versus Masse" auf (Weege 1992: 40f.). Eine dichotome Struktur aus „Mehrheit und Minderheit" findet sich auch bei Mosca. Im Unterschied zu Pareto arbeitet Mosca mit dem Begriff der politischen Klasse, nicht aber mit dem durch Marx geprägten Begriff der herrschenden Klasse. Nicht um die Auflösung der Klassen wie bei Marx geht es Mosca, sondern um den Nachweis der Notwendigkeit von Herrschaft als konstitutivem Moment aller Gesellschaften.

In der Politikwissenschaft der 1950er und 1960er Jahre ist zunächst das Modell der Funktionselite(n) wichtig, das z.T. auch in Verbindung mit dem Konzept des Elitenpluralismus steht. Auf der Basis des Pluralismusmodells wird davon ausgegangen, dass „soziopolitische Systeme" sich in Subsysteme ausdifferenzieren und Teileliten herausbilden, die – idealtypisch – im Einklang mit dem Modell der Demokratie stehen: „Sozialaggregate mit besonderem Einfluss, Verantwortung für Leistungs-, Planungs- und Koordinationsfunktionen, welche die Gesamtheit der sozialen und politischen Führungsgruppen in einer pluralistischen Demokratie übernehmen. Einflussgruppen, welche sich aus den breiten Schichten der Gesellschaft (...) auf dem Wege der Delegation oder der Konkurrenz herauslösen" (Stammer zit. n. Weege 1992: 42). Dieser Elitenpluralismus in der politikwissenschaftlichen Forschung tritt später in den Hintergrund. Unter den funktionalistischen Ansätzen der 1980er Jahre findet sich dann auch der Begriff der „politischen Klasse" (Herzog 1992) in Rückgriff auf Mosca mit der Begründung wieder, dass er den Vorteil biete, keinen sozioökonomischen Status, sondern eine politologische Struktur und Funktion zu bezeichnen. Der Kern der politischen Klasse wird begrifflich abgegrenzt und bei den parlamentarisch-gouvernementalen Führungsgruppen, wie den Fraktionsvorständen, der Regierung und den politischen Spitzen der Ministerialbürokratie verortet.

Während hier begriffliche Spezifizierungen (politische Klasse, Funktionseliten etc.) im Mittelpunkt stehen, gibt es einen weiteren Strang der politikwissenschaftlichen Eliteforschung, der empirisch, vorwiegend mit den Methoden der Meinungsforschung arbeitet. Er stellt deskriptive Daten zur sozialstrukturellen Zusammensetzung der „politischen Elite" bereit. In den „Mannheimer Elitestudien" von 1968 und 1981 (vgl. Hoffmann-Lange 1992) und in der anschließenden, ersten gesamtdeutschen „Potsdamer Elitestudie" von 1995 (vgl. Bürklin/ Rebenstorf et al. 1997) steht die Positionselite im Mittelpunkt. Sie wird von dem eher unspezifischen Begriff der Funktionselite abgegrenzt. Die Positions- bzw. „politische Elite" bilden hier Spitzenpolitiker, die aufgrund der mit ihren Ämtern verbundenen Kompetenz gesamtgesellschaftlich verbindliche Entscheidungen treffen. Hinzu kommen Inhaber von „Führungspositionen" in den Parteien und gesellschaftlichen „Sektoren", wie der „öffentlichen Verwaltung, Justiz, Militär sowie die führenden Vertreter der bedeutendsten gesellschaftlichen Organisationen, v.a. Großunternehmen, große Interessenverbände, Massenmedien sowie wissenschaftliche Institutionen (Universitäten, Forschungsinstitute)" (Hoffmann-Lange/ Bürklin 1999: 164). Der Sektor Wissenschaft ist, wie Hoffmann-Lange im Ergebnis der Mannheimer Elitestudien (von 1981) für die Bundesrepublik in einer den Positionsansatz weiter ausdifferenzierenden Netzwerkanalyse feststellt, im „zentralen Elitenzirkel" (Hoffmann-Lange 1990: 175) relativ stark vertreten und nimmt eine „eminent politische Funktion" wahr (ebd.).[2] Insgesamt bleibt der empirische Positionsansatz deskriptiv, die Analyse der Genese einer sektoral ausdifferenzierten Positionselite gehört nicht zum Forschungsprogramm.

Eine solche Analyse der Genese einer „politischen Klasse" in der Bundesrepublik unternimmt Rebenstorf, die dadurch auch die normativ (demokratietheoretisch) begründeten begrifflichen Vordefinitionen von politischer Klasse und Funktionselite relativiert. Rebenstorf rekonstruiert die „politische Klasse" in der Bundesrepublik der 1980er Jahre als „eine soziale Gruppe, die eigene Regeln für ihre Reproduktion und für die Bewältigung der ihr zukommenden Aufgaben entwickelt hat. Sie bezieht ihre Macht aus der Delegation und aus der Möglichkeit, selbst über die Neuaufnahme von Mitgliedern zu entscheiden. Sie selbst definiert die Regeln der Aufnahme und Ausschließung" (Rebenstorf 1995: 201). Worin die Quellen der sozialen Macht der politischen Klasse liegen oder wie weit die Akzeptanz ihrer Definitionsmacht reicht, wird bei ihr aus einem Klassenmodell heraus erklärt. Insofern markiert die Arbeit von Rebenstorf auch einen Übergang von der politikwissenschaftlichen zur soziologischen Eliteforschung.

---

2   Mit 7,8 % entspreche dies dem Einfluss von Interessenverbänden aus Wirtschaft und Gewerkschaften mit je 8 %, gegenüber 40 % Politikern und 12 % Wirtschaftsunternehmen mit der stärksten Einbindung in das Elitennetzwerk (vgl. Hoffmann-Lange 1990: 174f.).

Die Soziologie in der Bundesrepublik hat, wie Krais feststellt, bei der Elitenforschung erhebliche Lücken gelassen. Erst in jüngster Zeit ist dort (wieder) ein verstärktes Interesse am Elitethema feststellbar (vgl. Krais 2001: 9).[3]

Ist der Raum politischer Macht, Entscheidungen und Einfluss die Domäne der Politikwissenschaft, so hat die Soziologie ihren Fokus v.a. in dem Bereich der Sozialstruktur- und Ungleichheitsforschung (vgl. z.B. Berger/ Konietzka 2001), was sich mit Einschränkungen auch für die soziologische Frauen- und Geschlechterforschung sagen lässt (vgl. z.B. Becker-Schmidt/ Knapp 1995, Knapp/ Wetterer 2001). In dem Bereich der Sozialstrukturforschung werden in der Soziologie der 1990er Jahre auch „soziale Milieus im gesellschaftlichen Strukturwandel" (Vester et al. 2001) beforscht. Dabei werden „Elite-Milieus" (früher Bildungs- und Besitzbürgertum) empirisch erfasst und theoretisch zurückgebunden. Auch bei Vester geschieht dies in Anknüpfung an das Modell des sozialen Raumes, das auf den französischen Soziologen Pierre Bourdieu zurückgeht (vgl. Bourdieu 1992a). Unter anderem werden hier milieuspezifische „gesellschaftspolitische Lager" herausgearbeitet, die sozialstrukturell verortet werden. Sie drücken „den Spagat oder die Spannung aus, die die politischen Parteien bewältigen müssen, wenn sie ihre Klientel aus den verschiedenen Milieus und Lagern mobilisieren und repräsentieren wollen" (Vester et al. 2001: 58).

An die Verschränkung von Klassen- und Herrschaftsmodellen im Elitendiskurs knüpft auch die kritische Durchsicht der modernen Varianten der Elitetheorien von Beate Krais aus soziologischer Perspektive an (vgl. Krais 2001). Sie verweist in dem Zusammenhang kritisch auf die bewusste Abgrenzung der elitetheoretischen Klassiker (v.a. Mosca und Pareto) zur Klassentheorie und dem Konzept der herrschenden Klasse bei Marx. Von soziologischer Seite wird an den Elitetheorien kritisiert, dass diese sich nicht nur „durch einen mehr als dürftigen Machtbegriff auszeichnen", sondern vor allem, dass sie „die Formen der symbolischen Herrschaft, bzw. der symbolischen Gewalt" in den Geschlechterverhältnissen ausklammern (ebd.: 23f.). Gemeint sind die subtilen Formen der „unterschwellige(n) Beeinflussung, die ganz einfach von der Ordnung der Dinge" ausgeübt werden (Bourdieu/ Wacquant 1996: 205). Je selbstverständlicher Menschen eine soziale Ordnung erscheint, desto weniger reflektieren sie über ihre eigene Mitwirkung an der Aufrechterhaltung dieser Ordnungen. Für Geschlechterordnungen gilt dies ganz besonders, denn sie sind in allen als modern geltenden Gesellschaften zweigeschlechtlich, also dualistisch ‚männlich / weiblich',

---

3   Das wachsende Interesse dokumentiert auch die Tagung der „Sektion Soziale Ungleichheit und Sozialstrukturanalyse der Deutschen Gesellschaft für Soziologie" zu „Oberschichten – Eliten – Herrschende Klassen" 2001.

strukturiert und können daher um so leichter als ‚natürliche' Ordnungen akzeptiert werden, was in der modernen Gesellschaft besonders problematisch wird, da die symbolischen Formen gegenüber den ökonomischen Herrschaftsformen an Relevanz gewinnen (vgl. Krais 1993, Bourdieu 1997).

Neben diesen eher machttheoretischen und sozialstrukturellen Zugängen besteht in soziologischer Perspektive der zweite Anknüpfungspunkt an das „an Leistung gebundene Verständnis von Eliten" (Krais 2001: 10, vgl. auch Hartmann 2002, der die Leistungseliten als Mythos entschlüsselt). Von der Studie Dreitzels (1962), der die Leistung(selite) thematisiert, führt auch eine Traditionslinie zur klassischen Begründung der Elite bei Pareto zurück, wobei Dreitzel sein Konzept soziologisch fundiert mit Bezug auf die moderne „industrielle Gesellschaft", in der sich „entsprechend der komplexen, arbeitsteiligen Differenzierung des gesellschaftlichen Funktionszusammenhangs eine Vielfalt von unterschiedlichen ‚Spitzengruppen'" herausgebildet hat (Krais 2001: 19). Mit der Leistungselite kann ein weiteres Mal auf das Konzept eines Elitenpluralismus verwiesen werden, das gegenüber der Funktion (Funktionseliten) die Leistung akzentuiert. Anders als die demokratietheoretisch begründeten Funktionseliten in der Politikwissenschaft werden die soziologisch begründeten Leistungseliten als Personen(gruppen) betrachtet, denen neben erlesenen persönlichen Qualitäten hervorragende Leistungen zugeschrieben werden (vgl. Endruweit 1986). Die mit Spitzenleistungen in Verbindung gebrachte Konzeption der Leistungselite findet sich insbesondere in Beiträgen zu Eliten in der Wissenschaft, in denen es immer auch einige gebe, „die nach Wissen und Können (...) allen anderen überlegen sind; und es gibt die Hoffnung, dass es genau die sind, die zur Aufrechterhaltung und Fortbildung der erforderlichen gesellschaftlichen Rationalitäten (...) (institutionelle) Anerkennung und (institutionellen) Einfluss besitzen" (Mittelstraß 1984: 26).

Neben die besondere Leistung tritt als weiteres Elitenmerkmal der Erfolg, der von außen zugeschrieben werden muss. Je heterogener eine Gruppe, desto stärker würden Indikatoren für den Erfolg benötigt, worunter z.B. bei Dreitzel Titel und Orden, aber auch die Popularisierung in den Massenmedien verstanden wird, um den Erfolg zuzuschreiben, da das soziale Umfeld den Erfolg nur symbolisieren, aber nicht die „Substanz der Leistung" sichtbar machen könne (Dreitzel 1962: 44).[4] Daher bedürfe es eines Fachpublikums, welches über ein Wissen um die „Leistungslegitimation" verfüge. Es handele sich hier um ein Experten- und

---

4 Auf diese Überlegungen wird auch in Forschungsarbeiten zur Prominenz rekurriert (vgl. z.B. Peters 1994). Im angloamerikanischen Sprachraum heißen Prominente Celebrities. Ein Begriff, der auf Stars / Personen Anwendung findet, die besondere herausragende Lebensart verkörpern und zuerst in der us-amerikanischen Eliteforschung einbezogen wurde (vgl. z.B. Mills 1962).

Spezialwissen: Ob „die Leistung, die sich etwa hinter einem Nobelpreis verbirgt, wirklich den damit verbundenen Erfolg rechtfertigt, kann nur noch von Fachkollegen beurteilt werden" (Dreitzel 1962: 44).

Als die engere Bezugsgruppe, die wissenschaftliche Leistungen bewertet und den Erfolg anerkennt und zuschreibt, gilt seit Merton die Scientific Community.[5] Sie ist der primäre Forschungsgegenstand der (internationalen) Wissenschaftsforschung, die auch die Koppelung von Wissenschaft und (Wissenschafts-)Politik zum zentralen Untersuchungsgegenstand hat. Erkenntnisleitend ist hier das Verhältnis zwischen Selbstregulierung und politischer Steuerung und die Frage der „Steuerbarkeit der Wissenschaft" durch Wissenschaftspolitik, die in der Bundesrepublik v.a. durch das forschungsökonomisch ausgerichtete „institutionalistische Paradigma" (Schimank 1995) der Wissenschaftsforschung aufgegriffen wird.[6]

Aus dieser Perspektive wird das Wissenschaftssystem u.a. als ein „funktionales Expertensystem" charakterisiert, welches ein bestimmtes Wissen monopolisiere und eigenständige wie eigendynamische Professionen ausbilde (Braun 1997: 66). In dem Expertensystem funktioniert die wissenschaftliche Reputation wie ein wissenschaftssystemspezifischer „Investitions- bzw. Reputationskreislauf" (ebd.: 68). Über ihn sind Wissenschaft und Politik miteinander verbunden, wobei auch hier persönliche Leistung und Erfolg hervorgehoben werden in Form der Reputation als Zahlungsmittel: „Die Verschaffung machtvoller Positionen in Organisationen des Wissenschaftssystems durch politische Fürsprache sichert die Dankbarkeit und Offenheit des Wissenschaftlers für politische Anliegen. Im gleichen Sinn kann eine Politik, die zugunsten bestimmter wissenschaftlicher Eliten geführt wird, zu relativ dauerhaften Bündnissen zwischen politischen Akteuren und diesen Eliten beitragen" (ebd.: 78).

---

5 Die Wissenschaftsforschung ist ein international ausgerichtetes Forschungsgebiet, das sich in der Bundesrepublik erst mit den 70er Jahren entwickelt (vgl. Spiegel-Rösing 1973) und heute in eine wissenssoziologische und in eine institutionalistische Richtung ausdifferenziert ist (vgl. Schimank 1995). Insbesondere das „institutionalistische Paradigma" (Schimank 1995) rekurriert dabei auch heute noch auf das von dem us-amerikanischen Wissenschaftssoziologen Merton entwickelte „Scientific Ethos" der modernen Wissenschaft und Forschung des 20. Jahrhunderts. Merton, der als ein wichtiger Begründer der Wissenschaftssoziologie rezipiert wird, untersuchte die Wissenschaftsentwicklung auf der Grundlage eines funktionalistischen Modells der sozialen Rolle des Wissenschaftlers, welcher sich an der kumulativen Verbesserung und Verbreiterung wissenschaftlichen Wissens beteilige (vgl. Merton 1985). Davon wird in der BRD das zweite „wissenssoziologische Paradigma" innerhalb der Wissenschaftsforschung der Bundesrepublik abgegrenzt. Es stellt die Produktion des wissenschaftlichen Wissens ins Zentrum und untersucht die Wissenschaft als Tätigkeit, u.a. in sozialkonstruktivistisch-ethnomethodologischer Perspektive, wofür insbesondere die Arbeit von Knorr-Cetina steht (vgl. u.a. Knorr-Cetina 1991, zusammenfassend vgl. Heintz 1993 sowie Felt et al. 1995).

6 Vgl. hierzu auch die Finalisierungsdebatte der 70er und 80er Jahre in der Bundesrepublik: Böhme et al. 1973 und retrospektiv Krohn/Küppers 1989.

Die dauerhaften Beziehungen zwischen wissenschaftlichen und politischen Eliten stellen eine Möglichkeit der Beschreibung von Koppelungen zwischen Wissenschaft und Politik dar. Insbesondere für die Wissensgesellschaft wird auf „Paradoxien der Koppelung von Wissenschaft und Politik" hingewiesen (Weingart 2001: 127).[7] Eine der zentralen Thesen Weingarts in diesem Zusammenhang ist die „Externalisierung der wissenschaftlichen Leistungsbewertung" bzw. die „Externalisierung der Evaluierung der Wissenschaft und der Kontrolle der Einhaltung ihres Ethos" als Ausdruck einer enger gewordenen Koppelung des Wissenschaftssystems mit der Gesellschaft (ebd.: 323). Die Externalisierung gehe einher mit einer Einschränkung des Vertrauens in die Funktionstüchtigkeit der internen wissenschaftlichen Leistungsbewertung durch die Scientific Community (z.B. peer-review oder der Zitationsindex). Doch liege die Eigenart von Prozessen der Externalisierung gerade darin, dass die Regeln des „richtigen Kommunizierens (...) letztlich abhängig vom Urteil der Experten in diesem Prozess" bleiben (ebd.). Ein Beispiel für die von Weingart beschriebene Externalisierung der Leistungsbewertung aufgrund enger werdender Kopplungen und der damit einhergehenden zunehmenden Bedeutung bzw. Neudefinition der Expert/innenschaft findet sich in dem Modernisierungsprozess, den die Hochschulen und die Forschungseinrichtungen in der Bundesrepublik insbesondere durch Evaluationsverfahren und Einführung neuer Steuerungsmodelle derzeit durchlaufen (vgl. z.B. Wissenschaftsrat 2000, Müller-Böling 2000, Pellert 1999).

Mit Blick auf die Hochschulmodernisierung gehen wir davon aus, dass angesichts des bestehenden Modernisierungsdrucks und der Komplexität der Entscheidungssituationen die hochschulischen und wissenschaftspolitischen Entscheidungsträger – über das traditionelle Beratungsmaß hinaus – Legitimation und ein Vor- und Zusammendenken durch Expert/innenräte, Strukturkommissionen und andere Gremien der Entwicklungsplanung benötigen.

Die Expert/innenschaft als eine Form der Koppelung zwischen Wissenschaft und Wissenschaftspolitik bildet den zentralen Bezugspunkt für die ausgewählten Zielgruppen: Wissenschaftler/innen als politikberatende Expert/innen speziell für die Hochschulstruktur- und -entwicklungsplanung in der Bundesrepublik. Damit klassifizieren wir die Expert/innen aus der Wissenschaft als Zugehörige zu einer wissenschaftspolitischen Steuerungselite und schreiben der Expert/innenschaft einen eigenen Stellenwert für die Elitenintegration zu.

---

7 Zur Wissenschaftsentwicklung in der postindustriellen Wissens- oder auch Weltgesellschaft vgl. z.B. Wingens 1998, Stichweh 2000.

2. Zur Entwicklung der Expert/innenschaft in der Hochschulplanung

In der Forschungsliteratur (vgl. z.B. Oehler 2000) werden verschiedene Akteure der Hochschulplanung unterschieden. Zu den Einrichtungen in staatlicher Trägerschaft zählen bei Oehler das Hochschulinformationssystem (HIS), das Bayerische Staatsinstitut für Hochschulforschung und Hochschulplanung sowie das Institut für Arbeitsmarkt und Berufsforschung in Nürnberg.[8] Zu den Einrichtungen in staatlicher Trägerschaft wird bei Oehler (2000) z.B. auch der Wissenschaftsrat als überregionales Gremium (Bund) gerechnet und auf der Landesebene die Berufung von Hochschulstrukturkommissionen, Beiräten und anderen Beratungsgremien.

Zwischen dem Wissenschaftsrat (WR) auf der gesamtstaatlichen Ebene und den Hochschulstrukturkommissionen (HSK) auf den Länderebenen, denen für die Expert/innenschaft in der Hochschulplanung auch in unserem Untersuchungszusammenhang eine hohe Bedeutung beigemessen wird, bestehen in Bezug auf die Aufgabenstellungen und Kompetenzen strukturelle Ähnlichkeiten hinsichtlich der Koppelung von Wissenschaft und Politik.

Beim Wissenschaftsrat handelt es sich um eine 1957 auf der Basis eines Verwaltungsabkommens zwischen Bund und Ländern gemeinsam gegründete Organisation. Der Wissenschaftsrat versteht sich als das älteste wissenschaftspolitische Beratungsgremium in Europa, mit dem, wie es in einer über das Internet zugänglichen Selbstdarstellung heißt, „zum ersten Mal auf deutschem Raum eine Einrichtung geschaffen (wurde), die einen Gesamtüberblick über die wissenschaftliche Arbeit in der Bundesrepublik geben und den Regierungen von Bund und Ländern Vorschläge für die Förderung der Wissenschaft unterbreiten soll" (Wissenschaftsrat 2002).

Die organisationsinterne Struktur des Wissenschaftsrates bildet Kopplungen zwischen Wissenschaft und Politik insofern ab, als seine Gremien die Beteiligung von Wissenschaftler/innen in der Wissenschaftlichen Kommission und von Politiker/innen in der Verwaltungskommission beinhalten. Auf dieser Basis berät der Wissenschaftsrat die Bundesregierung und die Regierungen der Länder in Fragen

---

8 Als Ausdruck einer Entwicklung seit den 1990er Jahren kommt mit dem Centrum für Hochschulentwicklung (CHE) - eine gemeinsame Gründung (1994) der Bertelsmannstiftung und der Hochschulrektorenkonferenz -, eine neue Kategorie von Expert/innenschaft in der Hochschul- und Bildungsplanung. Als eine andere neue Kategorie können die Hochschulräte gelten, die nach dem Vorbild von Aufsichtsräten privater Wirtschaftsunternehmen arbeiten und mit Wirtschafts- und Politikvertreter/innen besetzt sein sollen. Hochschulräte sind bisher noch kaum mit Entscheidungskompetenzen versehen. Sie verstehen sich als Puffer zwischen Hochschule und Staat und zugleich als Beratungsgremien für die Hochschulen (vgl. Müller-Böling 2000).

der inhaltlichen und strukturellen Entwicklung der Hochschulen, der Wissenschaft und der Forschung sowie des Hochschulbaus, indem er Empfehlungen und Stellungnahmen abgibt. Diese beziehen sich im Wesentlichen auf zwei wissenschaftspolitische Aufgabenfelder:

- Empfehlungen zu der Struktur und Leistungsfähigkeit, Entwicklung und Finanzierung einzelner wissenschaftlicher Einrichtungen (Universitäten, Fachhochschulen und außeruniversitäre Forschungseinrichtungen) und
- Empfehlungen zu übergreifenden Fragen des Wissenschaftssystems, einschließlich ausgewählter Strukturaspekte von Forschung und Lehre, zur Planung, Bewertung und Steuerung einzelner Bereiche und Fachgebiete, einschließlich der Entwicklung längerfristiger Entwicklungsperspektiven mit diskursivem Charakter wie die „Thesen zur künftigen Entwicklung des Wissenschaftssystems in Deutschland" (Wissenschaftsrat 2000).

Vor diesem Hintergrund war es im wissenschaftspolitischen Steuerungsbereich insbesondere der Wissenschaftsrat, dessen Empfehlungen mit dem politischen Systemwechsel in der Bundesrepublik 1991 zur Einrichtung von Hochschulstrukturkommissionen in den neuen Bundesländern geführt haben. Entsprechend seiner damaligen Stellungnahme hätten sich die Hochschulstrukturkommissionen bereits in der Zeit der Neugründung von Hochschulen in den 1970er Jahren in der alten Bundesrepublik bewährt (vgl. Wissenschaftsrat 1992, Teil 1: 13 und Wissenschaftsrat 1990).

Der Prozess der Einpassung der ostdeutschen Hochschul- und Forschungslandschaft in die Strukturen der alten Bundesrepublik zu Beginn der 90er Jahre bildet ein historisch einmaliges Beispiel für die flächendeckende Einberufung von Hochschulstrukturkommissionen als politikberatende Expert/innengremien im Auftrag des Bundes und der Regierungen der (ostdeutschen) Bundesländer. Der westdeutsche Wissenschaftsrat agierte dabei zunächst als Evaluationsinstanz für Einrichtungen der früheren Akademie der Wissenschaften (AdW der DDR) (vgl. z.B. Mayntz 1994). Er setzte dafür spezielle Arbeitsgruppen ein und empfahl den zuständigen Wissenschaftsministerien in den neuen Bundesländern die Einrichtung so genannter Hochschulstrukturkommissionen (HSK) mit dem Ziel, die fachliche und personelle Reorganisation der Hochschulen zu organisieren. Zu einer der wichtigsten Aufgaben wurde dabei die Empfehlung weiterer (vorwiegend) Wissenschaftler, die die Struktur- und Berufungskommissionen in den Universitäten bestückten und die Berufungsvorschläge erstellten (vgl. z.B. Mayntz 1994a, Zimmermann 2000).

Blieben die westdeutschen Hochschulen zu diesem Zeitpunkt – Anfang bis Mitte der 90er Jahre – von einer umfassenden Evaluation noch ausgeklammert,[9] so sind im Zusammenhang mit den danach einsetzenden Reformbestrebungen bzw. Reformvorgaben in bzw. für Hochschulen seit ca. Mitte der 1990er Jahre in einigen westdeutschen Bundesländern auch so genannte Qualitätspakte (z.B. in Nordrhein-Westfalen) oder Solidarpakte (in Niedersachsen und Baden-Württemberg) zwischen Landeshochschulen und Landesregierungen geschlossen worden. Auch hier wurden im Vorfeld oder parallel von fast allen Landesregierungen (in den neuen und alten Bundesländern) Hochschulstrukturkommissionen (HSK) eingesetzt. Bildete bei den zu Anfang der 1990er Jahre (in den westlichen Bundesländern) eingesetzten HSK noch die Diskrepanz zwischen Studienplätzen und Finanzierungsfragen an den Hochschulen Anlass und Ausgangspunkt für deren Einberufung, so ist im Zusammenhang mit den Solidar- und Qualitätspakten in der zweiten Hälfte der 90er Jahre zu beobachten, dass tendenziell die fachliche (Neu-) Ausrichtung sowie die Reform der universitären Leitungsstrukturen das ausschlaggebende Motiv für die Landesregierungen bildet, eine HSK als Beratungsgremium einzusetzen. Das zentrale Ziel ist mit dem Schlagwort Profilbildung durch Ressourcenallokation umrissen. Dies beinhaltet einerseits die Budgetierung (Begrenzung) von Haushaltsmitteln der Hochschulen auf einem bestimmten Niveau (z.B. des Vorjahres), wobei ihnen andererseits Planungssicherheit für eine bestimmte Zeit (z.B. für die kommenden drei Jahre) gewährt wird. In der Konsequenz bedeutet es für die Hochschulen, die (fest) zugesagten Mittel effektiv einzusetzen und zu diesem Zweck Profilbildungen vorzunehmen, z.B. durch die Konzentration von Studien- und Ausbildungsgängen, die zuvor an verschiedenen Hochschulstandorten eines Landes angesiedelt waren, an einem einzigen Standort.

Den unterschiedlichen Aufgabenstellungen entsprechend variieren auch die Bezeichnungen für die politikberatenden Sachverständigengremien mit den Aufgaben der Hochschulstrukturplanung in den Bundesländern. Sie lauten z.B. Expertenrat für Hochschulentwicklung, Arbeitsgruppe zur Wissenschaftsstruktur, Rat für Forschung, Kommission zur Zusammenführung von Fachhochschulen bzw. Universitätskliniken. Wir fassen sie hier als Hochschulstrukturkommissionen (HSK) zusammen. Sie können ständige Beratungsgremien der Landesregierung sein, sind in der Regel aber zeitlich begrenzt tätig. Gemeinsam ist ihnen,

---

9   Zur Evaluation der außerhochschulischen Forschungseinrichtungen nach der Abwicklung und Einpassung des Personals aus früheren Instituten der AdW der DDR, die seit Mitte der 90er Jahre auch zu Evaluationen und damit verbundenen Auflösungen von Instituten der außeruniversitären Forschungseinrichtungen geführt haben, vgl. z.B. Wissenschaftsrat 2000.

dass sie Vorschläge für die künftige Entwicklung unterbreiten und als Ergebnis der Kommissionsarbeit den Landesregierungen i.d.R. Expertisen in Form von Kommissionsberichten vorlegen.

Für die Zusammensetzung der Hochschulstrukturkommissionen, aus denen die 176 im Rahmen der Fragebogenerhebung angeschriebenen politikberatenden Expert/innen für diese Untersuchung ausgewählt wurden, gilt in der Regel die folgende Zusammensetzung:

- mehrheitlich wissenschaftliche Expert/innen, die sich i.d.R. im Professor/innenstatus befinden,
- hinzu kommen einige Repräsentant/innen der Landesregierung und Ministerialbürokratie sowie
- Repräsentant/innen des so genannten öffentlichen Lebens, das in der Regel so definiert wird, dass einige Repräsentant/innen aus Wirtschaftsunternehmen, Gewerkschaften, aus der Wissenschafts- und Finanzpolitik und zunehmend aus Stiftungen in die HSK berufen werden.

Bei den für die Untersuchung ausgewählten Hochschulstrukturkommissionen sind die Sprecherinnen für die jeweilige Landeskonferenz der Frauen- und Gleichstellungsbeauftragten in nur einigen Gremien vertreten, und nicht alle der ausgewählten HSK haben in ihren Expertisen Empfehlungen zur Verbesserung der Situation von Wissenschaftlerinnen abgegeben.

3. Auswahl und Zusammensetzung der Untersuchungsgruppe

Die ausgewählte Personengruppe, an die sich die schriftliche Befragung richtet, besteht aus 176 Wissenschaftler/innen, die im Zeitraum der letzten zehn Jahre mindestens ein Mal in ein Expert/innengremium für die Hochschulentwicklungsplanung auf Länderebene berufen wurden oder Mitglied der Wissenschaftlichen Kommission des Wissenschaftsrates waren.

Grundlage für die Auswahl bilden Recherchen anhand von Kommissionsberichten, in denen i.d.R. die Mitglieder namentlich benannt werden. Kontrolliert wird diese Auswahl durch zusätzliche Anfragen bei den Landeswissenschaftsministerien. An sie wurde mit der Bitte herangetreten, eine für die Entwicklungsplanung der vergangenen zehn Jahre wichtige Strukturkommission sowie deren Mitglieder zu benennen. In Bundesländern, die in diesem Zeitraum mehr als eine Strukturkommission eingesetzt hatten, wird bei der Auswahl der Kommission der zuletzt gebildeten Priorität eingeräumt. Die Mehrzahl der berücksichtigten Kommissionen wurde in der zweiten Hälfte der 90er Jahre einberufen und hatten zum Ende der 1990er Jahre bzw. 2000/2001 ihre Arbeit mit – und in einigen Fällen auch ohne – Kommissionsberichte abgeschlossen.[10]

Insgesamt wird auf diese Weise pro Bundesland je ein Gremium mit den Aufgaben einer Hochschulstrukturkommission ausgewählt. Deren Mitglieder verteilen sich auf Kommissionen in 15 Bundesländern.[11] Zusätzlich werden die Mitglieder der Wissenschaftlichen Kommission des Wissenschaftsrates angeschrieben, da dieser nach der Wende in mindestens einem Bundesland in entsprechender Funktion tätig geworden ist und dort Vorschläge für die Landeshochschulstrukturplanung vorgelegt hat.

Unter den im April 2002 angeschriebenen 176 Expert/innen (100 %) sind 144 Wissenschaftler (81,5 %) und 32 Wissenschaftlerinnen (18,5 %). Davon haben sich insgesamt 46 % (absolut 81) an der Fragebogenerhebung beteiligt, darunter 18 Wissenschaftlerinnen (56,3 % von 32 angeschriebenen) und 63 Wissenschaftler (43,8 % von 144 angeschriebenen).

Bildete bei der Auswahl der Untersuchungsgruppe, an die sich die schriftliche Befragung (Fragebogenerhebung) richtete, die Funktion der Politikberatung im überregionalen Wissenschaftsrat (WR) und in den Hochschulstrukturkommissionen (HSK) der Bundesländer das entscheidende Auswahlkriterium, so war bei der Auswahl für die bereits im Vorfeld bzw. parallel zur Fragebogenerhebung durchgeführten mündlichen Befragungen von zehn Wissenschaftlerinnen darauf zu achten, dass sie über Erfahrungen in der Politikberatung verfügen, die sowohl aus Mitgliedschaften in Hochschulstrukturkommissionen und anderen Wissenschaftsorganisationen resultieren. Ein weiterer Teil sollte das wissenschaftliche Herkunftsfeld zumindest zeitweise (ganz) verlassen und in der (Wissenschafts-)Politik gewirkt haben, z.B. als Wissenschaftsministerin.

Aufgrund des Forschungsinteresses an der Rekonstruktion solcher als Crossover-Positionen zwischen Wissenschaft und (Wissenschafts-)Politik bezeichneten Kopplungen, sollten auch solche Wissenschaftlerinnen mit zur Untersuchungsgruppe gehören, deren Positionen und Aktivitäten normalerweise durch das grobe Raster aus den Akteur/innen des (noch zu erläuternden) Machtraums der wissenschaftspolitischen Steuerung in der Bundesrepublik hindurchfallen, weil die Projekte oder Organisationen, denen diese Wissenschaftlerinnen angehören nicht zu den Hauptakteur/innen des Machtraumes zählen. Dies trifft zum Beispiel dann zu, wenn sie wie einige der interviewten Frauen Projekte mit dem Ziel der Förderung und Vernetzung von Wissenschaftlerinnen entwickelt haben.

---

10 Aus Anonymisierungsgründen werden die Kommissionsberichte nicht dokumentiert.
11 Laut Auskunft des zuständigen Ministeriums hatte ein Bundesland kein entsprechendes Gremium gebildet und wird daher nicht berücksichtigt.

4. Der Machtraum der wissenschaftspolitischen Steuerung

In dem Untersuchungsrahmen werden die ‚Akteure der Hochschulplanung' in das Konzept „Feld der Macht" (Bourdieu/ Wacquant 1996: 263) eingebunden. Obwohl das Feld nicht das Resultat „einer bewussten Schöpfung" ist und auch nicht Regeln unterliegt, „die expliziert und kodifiziert" sind, lässt es sich mit einem Spiel vergleichen: „So gibt es Einsätze (...), Interessenobjekte, die im wesentlichen das Produkt der Konkurrenz der Spieler untereinander sind; eine Investition in das Spiel, eine Besetzung (...) des Spiels, die illusio (...): Die Spieler sind im Spiel befangen, sie spielen (...) nur deshalb gegeneinander, weil sie alle den Glauben (doxa) an das Spiel und den entsprechenden Einsatz, die nicht weiter zu hinterfragende Anerkennung teilen (...) und dieses heimliche Einverständnis ist der Ursprung ihrer Konkurrenz und ihrer Konflikte. Sie verfügen über Trümpfe, mit denen sie andere ausstechen können und deren Wert je nach Spiel variiert: So wie der relative Wert der Karten je nach Spiel ein anderer ist, so variiert auch die Hierarchie der verschiedenen Kapitalsorten (ökonomisch, kulturell, sozial, symbolisch) in den verschiedenen Feldern." (Ebd.: 127f., Hervorh. i.O.)

Die „Spieler" sind bei Bourdieu soziale Akteur/innen. Kommen sie aus der Wissenschaft und nicht aus der Wirtschaft z.B., wo das ökonomische Kapital von größerer Relevanz ist, verfügen sie vorwiegend über das kulturelle Kapital, das in ihrer wissenschaftlichen Reputation besteht; mit Bourdieu (1992: 89) das „Kapital an wissenschaftlichem Prestige". Das kulturelle Kapital kann aber auch aus Positionen resultieren, die Wissenschaftler/innen z.B. als HSK-Vorsitzende oder durch die Mitgliedschaft in anderen Wissenschafts- und Forschungsorganisationen einnehmen; mit Bourdieu (ebd.: 88f.) das „universitäre Machtkapital" bzw. „Kapital an wissenschaftlicher Macht" (vgl. hierzu I.5.).

Als ein Raum von Positionen ist – in der Übertragung des Bourdieuschen Modells – der Machtraum der föderalen wissenschaftspolitischen Steuerung in der Bundesrepublik vorzustellen. Er besteht aus Organisationen, die mit Aufgaben der Bildungsplanung, Forschungsförderung und der Hochschulstrukturentwicklung betraut sind. Aufgrund des föderalen Aufbaus ist dieser Machtraum durch drei Koordinationsebenen strukturiert. Sie bestehen aus:

- der überregionalen Ebene des Bundes,
- der mittleren Länderebene und
- der unteren Ebene der einzelnen Hochschulen und außerhochschulischen Forschungseinrichtungen.

Der Machtraum der wissenschaftspolitischen Steuerung

	Wissenschaft	Politik	
k u l t u r e l l e s K a p i t a l	Wissenschafts- und Forschungsorganisationen (WR, DFG, HRK, MPG etc.)	Bund-Länder und Länder-Länder-Koordination (BLK, KMK)	p o l . - ö k o n o m. K a p i t a l
	Hochschulstruktur-kommissionen	Wissenschaftsministerien der Bundesländer	
	Universitäten, Fachhochschulen, Außeruniversitäre Forschungseinrichtungen Gremien akademischer Selbstverwaltung Leitungspositionen in Hochschulen / Forschungsinstituten Einzelne Wissenschaftler/innen als: Professor/innen, Wissenschaftliche Mitarbeiter/innen, Studentische Hilfskräfte etc.		

Die im Raum verorteten Organisationen sind durch die Interaktionsstrukturen vertikal und horizontal verknüpft. Die Hochschulstrukturkommissionen befinden sich auf der mittleren Interaktionsebene im Machtraum. Entsprechend werden sie von den Akteur/innen auf der Länderebene aus der Wissenschaftspolitik (Ministerien) eingerichtet und ihre Mitglieder formell berufen.

Auf der oberen Interaktionsebene wird die Seite der Wissenschaftspolitik repräsentiert durch das Bundesministerium für Bildung und Forschung (BMBF) und das Bundesministerium beratende Organisationen wie z.B. die Bund-Länder-Kommission für Forschungsförderung und Bildungsplanung (BLK) und die z.T. mit entscheidenden Landeswissenschaftsministerien, die in der Konferenz der Kultusminister (KMK) zusammengeschlossen sind. Auf der Seite der Wissenschaft gehören zu den wichtigsten in die Bund-Länder-Koordination einbezogenen Wissenschafts- und Forschungsorganisationen auf der überregionalen gesamtstaatlichen Ebene: der Wissenschaftsrat (WR), die Deutsche Forschungsgemeinschaft (DFG), die Hochschulrektorenkonferenz (HRK) sowie die staatlich geförderten außeruniversitären Forschungsorganisationen, zu denen die Max-Planck-Gesellschaft (MPG), die Wissenschaftsgemeinschaft Gottfried Wilhelm

Leibniz (WGL), die Fraunhofer Gesellschaft (FhG) und die Hermann von Helmholtz-Gemeinschaft Deutscher Forschungszentren (HGF) zählen.

Die Verschränkung aus vertikalen und horizontalen Interaktionsebenen konstituiert innerhalb des Machtraumes der wissenschaftspolitischen Steuerung eine spezifische Grundstruktur der Arbeitsteilung zwischen Wissenschaft und Wissenschaftspolitik. Während der Wissenschaftspolitik (Staat) die Entscheidungskompetenz obliegt, haben die Wissenschafts- und Forschungsorganisationen generell eine beratende und damit eine die wissenschafts- und forschungspolitischen Entscheidungen vorbereitende Kompetenz. Entsprechend dieser Arbeitsteilung ist die Position der Wissenschaft bzw. ihre Positionierung oder Stellung gegenüber der Politik insoweit prästrukturiert, als die Wissenschaftsorganisationen in Fragen der Hochschul- und Forschungspolitik in der Regel die Position der Politikberatung beziehen. Dieser den Wissenschafts- und Forschungsorganisationen vorgegebene (kollektive) Ort – innerhalb eines Raumes aus möglichen Positionen – prästrukturiert auch den Möglichkeits-Raum für soziale Positionen, die die einzelnen Wissenschaftler/innen individuell oder kollektiv in dem Machtraum der wissenschaftspolitischen Steuerung einnehmen (können). Das heißt, auch die Stellungen (Positionen) von Wissenschaftler/innen können prinzipiell vielfältig, aber nicht beliebig oder unbegrenzt sein.

5. Die Indikatoren zur Erhebung des kulturellen Kapitals

Um differenzierte Informationen zu den Stellungen (Positionen) der befragten Expert/innen in dem Machtraum zu erhalten, werden der Konstruktion des Fragebogens bestimmte Indikatoren zur Erfassung ihres kulturellen Kapitals zu Grunde gelegt. Die Konstruktion des Fragebogens sowie die Indikatorenauswahl erfolgt in Anlehnung an die Vorgehensweise Bourdieus im „Homo academicus" (Bourdieu 1992).

Im Homo academicus ermittelt Bourdieu die Formen des kulturellen Kapitals, die in seiner Definition gleichzeitig unterschiedliche Autoritäts- und Machtformen darstellen, für das französische Unterrichts- (inkl. Wissenschaft) und Forschungssystem. Bourdieu entwickelt in einer umfangreichen empirischen Untersuchung einen sozialen Raum aus Positionen (Stellungen), dessen Struktur er anhand der unterschiedlichen Ausprägungen des kulturellen Kapitals der sozialen Akteur/innen des Feldes konzeptualisiert (Bourdieu 1992, insbes.: 88f.).

Mit dem Kapital an wissenschaftlichem Prestige und dem universitären und wissenschaftlichen Machtkapital sind zwei der im Raummodell bei Bourdieu für die Strukturierung des wissenschaftlichen Feldes als wesentlich erachteten Kapitalarten bezeichnet.

Während das *Kapital an wissenschaftlichem Prestige* sich primär auf die Reputation und das Ansehen bezieht, das Wissenschaftler/innen aufgrund ihrer Forschungsleistungen und aufgrund ihrer wissenschaftlichen Beiträge ansammeln, werden mit dem *Kapital an wissenschaftlicher Macht* und mit dem *universitären Machtkapital* andere Autoritäts- und Machtformen bezeichnet. Sie stehen mit Selbstverwaltungs- und Managementaufgaben sowie mit Führungs- und Leitungspositionen in Hochschulen, Forschungseinrichtungen und Wissenschaftsorganisationen in Verbindung.

Das Kapital an universitärer und wissenschaftlicher Macht ist als eine Art Verwaltungsmacht zu charakterisieren. Sie leitet sich insbesondere aus der Autorität der jeweiligen Institution und deren Stellung im Feld her, während das wissenschaftliche Prestige die wissenschaftliche Autorität der Akteur/innen begründet, die z.B. durch Nennungen im Science Citation Index oder in Form wissenschaftlicher Auszeichnungen und Preise dokumentiert werden.

Die Indikatoren zur Erfassung des wissenschaftlichen Prestiges beziehen sich im Fragebogen auf Angaben zu:

- den persönlichen wissenschaftlichen Auszeichnungen und Preisen für wissenschaftliches und gesellschaftspolitisches Engagement,
- den Tätigkeiten als Gutachter/in z.B. für die Deutsche Forschungsgemeinschaft (DFG) als einer Organisation mit bedeutendem Einfluss auf die Forschungsförderung in der Bundesrepublik und für weitere wissenschaftliche und politische Programme,
- der (Mit-)Herausgabe von Zeitschriften und Reihen und (Mit-)Begründung von Forschungsschwerpunkten sowie zu
- den Mitgliedschaften in Komitees zur Verleihung wissenschaftlicher Preise und in Akademien der Wissenschaft im In- und Ausland.

Neben diesen Indikatoren, die auf die Erfassung der Ausstattung mit *wissenschaftlichem Prestige* zielen, werden weitere Indikatoren gebildet, die sich auf die im Laufe des Berufslebens eingenommenen *Machtpositionen* richten.

Ausgehend von den Fragen zu der zuletzt eingenommenen hauptberuflichen Position und zur akademischen Laufbahn, die bei der befragten Gruppe i.d.R. in die Professur (an Fachhochschulen, Universitäten und außeruniversitären, öffentlich geförderten Forschungseinrichtungen) mündete, werden zur Erfassung des *wissenschaftlichen und universitären Machtkapitals* folgende Indikatoren erfasst:

- Leitungsfunktionen, die die Befragten in Hochschulen und Forschungseinrichtungen ausgeübt haben,
- Leitungsfunktionen in zentralen Wissenschaftsorganisationen der Bundesrepublik – neben der Deutschen Forschungsgemeinschaft (DFG), der Wissenschaftsrat (WR) sowie die in Fragen der Hochschulentwicklung auch zentrale Hochschulrektorenkonferenz (HRK) als Organisationszusammenschluss der Präsident/innen der deutschen Hochschulen sowie
- Berufungen in die politikberatenden Hochschulstrukturkommissionen der Bundesländer, die gleichzeitig die Grundlage für die Auswahl der Untersuchungsgruppe bildeten.

Die mit der Expert/innenposition in den Hochschulstrukturkommissionen wie in den Wissenschaftsorganisationen verbundene Verwaltungsmacht reicht am weitesten an soziale Positionen (Stellungen) im Feld heran, die mit dem Kapital an *politischer und ökonomischer Macht* ausgestattet sind. Über das Kapital an politischer und ökonomischer Macht verfügen die Entscheidungsträger/innen auf Seiten der Politik (Regierung), aufgeteilt in die verschiedenen Ressortzuständigkeiten (insbesondere Wissenschaftsministerien).[12] Die Wissenschafts- und Forschungsorganisationen sowie einzelne Wissenschaftler/innen als deren gewählte Vertreter/innen und Repräsentant/innen partizipieren an der politisch-ökonomischen Macht, wenn sie z.B. in ministeriellen Kommissionen tätig und dort mit Aufgaben der Planung und Entwicklung des Bildungs-, Forschungs- und Hochschulwesens betraut sind.

Für die im bundesrepublikanischen Machtraum wissenschaftspolitischer Steuerung föderal aufgebaute Interaktionsstruktur zwischen Wissenschaft und Politik stehen der Wissenschaftsrat auf der gesamtstaatlichen und die genannten Hochschulstrukturkommissionen auf der Ebene der Bundesländer. Repräsentativ für diese Interaktionsstruktur wurden Mitglieder aus den genannten Organisationen und Gremien für die Fragebogenerhebung ausgewählt.

Über die Indikatoren zur Erfassung der wissenschaftlichen und universitären Macht hinaus wurden in den Fragebogen einige weitere Variablen aufgenommen, die Informationen zu politischen Aktivitäten der ausgewählten Wissenschaftler/innen liefern, die gegebenenfalls über Wissenschaftspolitik hinausreichen. Gefragt wird nach:

---

12 Infolge der Einführung des neuen Steuerungsmodells Staat - Hochschulen dürfte das Kapital an poltisch-ökonomischer Macht zumindest teilweise auf die gestärkten Hochschulleitungen und auf die neu konzipierten Hochschulräte verlagert werden.

- parlamentarischen Mandaten und Ämtern sowie
- nach Funktionen in Parteien und
- nach parteipolitischen Grundorientierungen.

Die Indikatoren zu den verschiedenen Kapitalarten bilden das Raster für die Analyse von Cross-over-Positionen, d.h. von Positionen, die Wissenschaftler/innen in einem Raum zwischen Wissenschaft und Politik potenziell zur Verfügung stehen. Die Wissenschaftler/innen dabei als soziale Akteur/innen zu konzipieren heißt, sie als in soziale Beziehungsgeflechte eingebunden zu sehen. Die Herangehensweise impliziert, die Frage nach der Definition von Zugehörigkeitskriterien zu einer wissenschaftlichen bzw. einer wissenschaftspolitischen Elite an die Frage nach Machtverhältnissen bzw. -relationen in einem „sozialen Feld" (Bourdieu) zu knüpfen. Die Analyse von innen, aus einem sozialen Feld heraus, wirft die empirisch zu klärende Frage auf, wie die ausgewählte Wissenschaftler/innengruppe, die (potenziell) mit den verschiedenen Varianten des kulturellen Kapitals ausgestattet ist, sich in Hinblick auf Prestige- und Statusfragen und auf diesem Weg auch als Spitzengruppe ausdifferenziert. In das Zentrum unserer Analyse rückt damit die Frage, wie das kulturelle Kapital in seinen verschiedenen Formen verteilt ist, und wie sich diese Strukturen im Feld der Macht, dem hier skizzierten Machtraum der wissenschaftspolitischen Steuerung, reproduzieren.

Die Rekonstruktion der Strukturen erfolgt zunächst anhand der Darstellung der Ergebnisse aus der Fragebogenerhebung (vgl. II.). Ausgehend von den sozialstrukturellen Determinanten (soziale Herkunft, Alter, Fach, Geschlecht) geht es hier zunächst darum, die kleinen bzw. feinen Unterschiede im Feld der wissenschaftlichen und universitären Macht herauszuarbeiten (vgl. II.1. und II.2.). Es folgen Ausführungen dazu, wie im wissenschaftlichen Teilfeld Anerkennung auch in der Abgrenzung zum politischen Teilfeld erworben und zugeschrieben wird (vgl. II.3.), zur politischen Partizipation und den Selbstzuordnungen der Befragten zu einer Elite sowie Stellungnahmen zum Verhältnis von Wissenschaft und Politik und in welche Richtung Veränderungen in dem Machtfeld aus Sicht der Befragten zu gehen hätten (vgl. II.4.).

An diese Darstellung der Ergebnisse aus der Fragebogenerhebung schließt sich die qualitative Rekonstruktion von Cross-over-Positionen unter III. aus der mündlichen Befragung der zehn Wissenschaftlerinnen an. Auch hier erfolgt die Ergebnisdarstellung ausgehend von ihrer sozialen Herkunft (vgl. III.1.2), der Rekonstruktion der wissenschaftlichen Werdegänge in die Professur (vgl. III.2.1) und in andere Leitungspositionen in der Wissenschaft (vgl. III.2.3). Zentral geht es darum, wie dort Anerkennung erworben und zugeschrieben wird (vgl. III.2.2).

II. Die Ergebnisse der Fragebogenerhebung

1. Sozialstrukturelle Determinanten

Das mitgebrachte bzw. ererbte ökonomische, kulturelle und soziale Kapital, kurz die soziale Herkunft, bleibt für den beruflichen Aufstieg in gesellschaftliche Spitzenpositionen eine entscheidende Determinante (vgl. Bourdieu 1992 und 1992a).[13] Wie Hartmann, unter Ausklammerung der Kategorie Geschlecht in einer empirischen Untersuchung nachweist, gilt dies auch für den Aufstieg im wissenschaftlichen Feld (vgl. Hartmann 2002).[14]

Um Aufschlüsse über die soziale Herkunft und das soziale Umfeld der in der Erhebung schriftlich befragten Expert/innen zu erhalten, wurden die höchsten Bildungsabschlüsse und die zuletzt eingenommenen beruflichen Stellungen der Eltern und der Partner/innen als Indikatoren für das ererbte kulturelle, soziale und ökonomische Kapital abgefragt. Bei einer Fragebogenrücklaufquote von 46 % (81 von 176 Angeschriebenen) liegen Informationen zur sozialen Herkunft für 81 Befragte vor (63 Männer und 18 Frauen), die wie die zehn mündlich befragten Frauen zumeist den Beruf der Professorin bzw. des Professors ausüben.

Zu den sozialstrukturellen Determinanten als Voraussetzungen für den Zugang zu den Positionen des Machtfeldes sind drei Befunde zentral: die soziale Herkunft und das soziale Umfeld der Professor/innengruppe sowie die Altersstrukturierung innerhalb der Untersuchungsgruppe. Die Befunde sind:

- Im Vergleich zu den Bildungsabschlüssen und Berufen der Elterngeneration macht sich der seit der Bildungsexpansion feststellbare allgemeine Bildungs-

---

13   Die Aktualität der von Bourdieu vorgelegten empirischen Untersuchungen, in denen die Bedeutung der sozialen Herkunft (ökonomisches, kulturelles und soziales Kapital) für sozialstrukturelle Ungleichheit und den Aufstieg in die gesellschaftlichen Spitzenpositionen hervorgehoben wird, werden für die Bundesrepublik beispielsweise durch die Ergebnisse der PISA-Studie bestätigt (vgl. Deutsches PISA-Konsortium 2001 und 2002).

14   Hartmann rückt die Wirtschaftseliten in den Vordergrund und wählt Politik, Justiz und Hochschulen als Vergleichshorizonte. Er konstatiert für die Hochschulen eine höhere soziale Durchlässigkeit auch für die Promovierten aus der Arbeiterklasse und den breiten Mittelschichten, was insbesondere für den Promotionsjahrgang 1965 gelte (Hartmann 2002: 111 und 113). Hätte Hartmann (2002: 23) die Kategorie Geschlecht mit der Begründung eines zu geringen Frauenanteils in den von ihm ausgewählten Promotionskohorten der Jahre 1955 bis 1985 nicht ausgeklammert, hätten in diesem Punkt Vergleichsmöglichkeiten bestehen können.

aufstieg v.a. von Frauen bemerkbar. Der soziale Aufstieg verbindet sich mit einer sozial homogener gewordenen Partner/innenwahl (*Homogamiethese*).
- Innerhalb der Untersuchungsgruppe greift ein Anciennitätsprinzip im Sinne des Vorherrschens eines höheren Alters in einer mehrheitlich aus Männern zusammengesetzten Gruppe wissenschaftlicher Expert/innen.
- Die Struktur der Anciennität wirkt prinzipiell fächerübergreifend in einem vergeschlechtlichten Raum der Fakultäten.

1.1   Soziale Herkunft und Milieu. Die These der Homogamie

Bildungsabschlüsse der Eltern und Partner/innen (abs.)

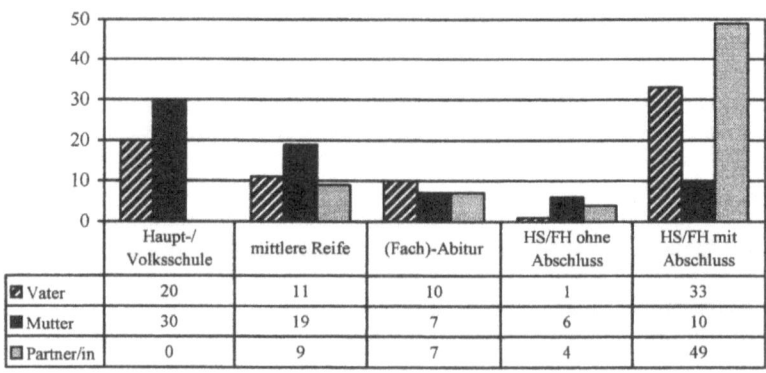

	Haupt-/ Volksschule	mittlere Reife	(Fach)-Abitur	HS/FH ohne Abschluss	HS/FH mit Abschluss
Vater	20	11	10	1	33
Mutter	30	19	7	6	10
Partner/in	0	9	7	4	49

Wie der Tabelle (in absoluten Zahlen) zum höchsten Bildungsabschluss der Eltern sowie zu den Bildungsabschlüssen der Lebenspartner/innen zu entnehmen ist, verfügt – bezogen auf die Gesamtgruppe von 81 Befragten (entspricht 100 %) – die überwiegende Mehrheit der *Mütter* der Professor/innen über einen Hauptschulabschluss (37 %, entspricht 30 absolut) oder die mittlere Reife (23,5 % bzw. 19 absolut) als höchsten Bildungsabschluss.[15] Nur 12,3 % (10 absolut) der Mütter

---

15 Zum höchsten Bildungsabschluss des Vaters liegen 76 Angaben von 81 Rückläufen vor (fünf

hat ein Hochschul- bzw. Fachhochschulstudium abgeschlossen.

Im Vergleich zu den Müttern weisen die *Väter* der Befragten allgemein höhere Bildungsabschlüsse auf. Während es bei den Müttern fast 40 % sind, die nur über den Hauptschulabschluss verfügen, trifft dies auf die Väter lediglich in einem Viertel der Fälle zu (24,7 %; absolut 20). Aber gut 40 % (40,7 %; absolut 33) aus der Vätergeneration haben ein abgeschlossenes Hochschul- bzw. Fachhochschulstudium als höchsten Bildungsabschluss vorzuweisen.

Bei den *Partner/innen* der Professor/innen, also in der Nachfolgegeneration, sind es bereits 60% (60,5 % absolut 49) mit abgeschlossenem Studium. Während der in der Müttergeneration noch vergleichsweise weit verbreitete untere Bildungsabschluss (Volks- / Hauptschulabschluss) allein nicht mehr vorkommt.

Der zur jeweiligen Elterngeneration deutlich gewordene Bildungsaufstieg bei den Partner/innen bestätigt sich auch bei den beruflichen Stellungen.[16]

Berufliche Stellung der Eltern und Partner/innen (abs.)

	nie berufstätig	Arbeiter/in	Angestellte	Beamte	Selbständige
Vater	0	9	19	32	19
Mutter	28	5	25	6	12
Partner/in	7	0	26	27	11

---

fehlen und in einem der 76 Fälle wird kein Schulabschluss erreicht, daher die Summe 75 in der Grafik); zur Mutter liegen 74 Angaben vor (sieben fehlen, und in zwei Fällen ist der Abschluss unbekannt, daher die Summe 72 in der Grafik); zu den Partner/innen liegen 69 Angaben vor.

16 Zur (letzten) beruflichen Stellung des Vaters liegen 79 Angaben vor (zwei fehlen), zur Mutter 76 (fünf fehlen) und zur Partner/in 71.

Insbesondere in dem Vergleich zur Müttergeneration – die noch zu fast 35% (34,6 %; absolut 28 von 81 Befragten) nie berufstätig war – wird deutlich, dass die Berufstätigkeit der Partner/innen der befragten Professor/innen mehr und mehr zum Normalfall geworden ist. Ist die Herkunft aus der Arbeiter/innenschaft auch in den jeweiligen Elterngenerationen relativ selten, so bewegt sich die berufliche Aufwärtsmobilität – ausgehend von der Berufsgruppe der Angestellten – von den ausführenden und qualifizierten Angestellten, die die beruflichen Stellungen in der Elterngeneration prägten, bei den Partner/innen der Professor/innen von den qualifizierten Angestellten zu den Angestellten in gehobener Position. Auch bei den Beamt/innen gibt es eine ähnliche Tendenz. Befinden sich (32) Väter und (sechs) Mütter vorwiegend im gehobenen und höheren Dienst, so überwiegen bei den Partner/innen die Beamt/innen im höheren Dienst deutlich.[17]

In der sozialen Aufwärtsentwicklung, die sich sowohl anhand der formalen Bildungsabschlüsse wie der beruflichen Stellungen der Professor/innen im Vergleich zur Elterngeneration zeigt, wird insbesondere der generelle Bildungsaufstieg von Frauen erkennbar (vgl. hierzu z.B. Krüger 1992). Es lässt sich weiterhin der Schluss ziehen: „Homogamie oder sozial ‚passende' Partnerwahl ist der Regelfall" (Frerichs/ Steinrücke 1997: 23). Diese Homogamiethese aus der Gender- and-Class-Debatte bestätigt sich, wenn im Folgenden die Berufe, die die Partner/innen ausüben, im Einzelnen betrachtet werden.[18]

Die Mehrzahl der Partner/innen der schriftlich und mündlich befragten Frauen ist auf statusgleicher Ebene als Hochschullehrer/in bzw. in verbeamtete/r Professur oder Vertretungsprofessur tätig. Andere üben als promovierte Wissenschaftler/innen wissenschaftsverwandte Dozent/innen- bzw. Referent/innentätigkeiten aus oder sind in kulturellen Berufen tätig (ein/e Schriftsteller/in bzw. ein/e Künstler/in).[19] Mit knapp 40% der Fälle (23 von 63) ist ein großer Anteil der Partner/innen der schriftlich befragten männlichen Vergleichsgruppe als Lehrer/in bis hin zur Studienrät/in tätig, aber i.d.R. unterhalb des sozialen Status, den die männliche Vergleichsgruppe mit der Professur erreicht hat.[20] Auf sie trifft die Homogamiethese eingeschränkter zu als auf die befragten Professorinnen.

---

17 Die Selbständigen sind mehrheitlich freiberuflich tätig.
18 Nicht alle Befragten, die Angaben zur beruflichen Stellung ihrer Partner/innen machen (Tabelle zur beruflichen Stellung), nennen die Berufe, so dass weniger Angaben zu den einzelnen Berufen vorliegen, als in der Tabelle genannt werden.
19 Weitere zwei sind Richter/innen, einzelne Ärzt/in, Kaufleute bzw. in einem sozialen Beruf tätig.
20 Weitere je sechs sind im Wirtschafts-/Dienstleistungssektor und im Gesundheitswesen tätig. Einzelne der Partner/innen der Professoren sind in technischen, künstlerischen und Medienberufen zu finden und einige wenige arbeiten als Wissenschaftler/in unterhalb der Professur.

1.2 Alter, Fach und Geschlecht. Das Anciennitätsprinzip

Das Zeitspektrum der Homogenisierung des sozialen Milieus, in dem sich der im Rahmen dieser Untersuchung erfasste Ausschnitt aus der Professor/innenschaft bewegt, umfasst insgesamt einen Zeitraum von ungefähr 30 Jahren. Die ältesten der im Rahmen der Fragebogenerhebung erfassten Professor/innen sind vor 1930 geboren, die jüngsten Ende der 1950er Jahre.

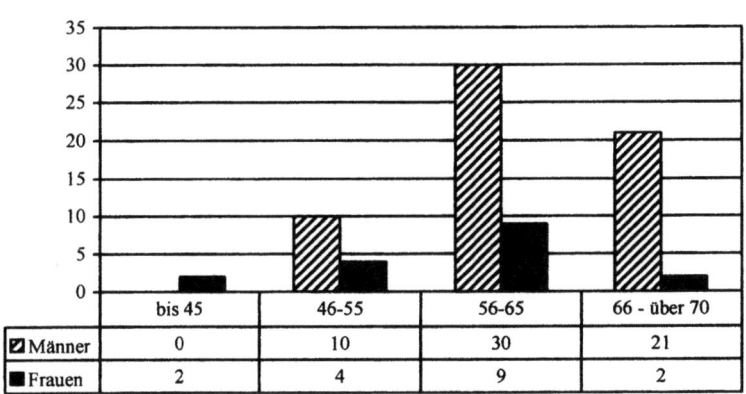

Zuordnung zu den Altersgruppen (abs.)

	bis 45	46-55	56-65	66 - über 70
Männer	0	10	30	21
Frauen	2	4	9	2

Bei der Verteilung der befragten Frauen und Männer auf die Altersgruppen ist eine Tendenz zur ‚Verjüngung' in Bezug auf die Gruppe der Frauen festzustellen. Gut ein Drittel der Frauen (6 von 17), aber nur ca. ein Sechstel der Männer (10 von 61) liegen unter dem 55. Lebensjahr.[21] Da sich aber auch die Mehrzahl der Frauen in den beiden höchsten Altersgruppen befindet, ist zu vermuten, dass in dem Untersuchungsfeld ein geschlechtsübergreifendes Anciennitätsprinzip gilt. Das heißt, dass es sich hier um eine soziale Gruppe handelt, die sich in einem fortgeschrittenen Lebensalter befindet bis sie in den Expertenstatus oder in andere angesehene Positionen gelangt, wobei das z.T. jüngere Lebensalter der Frauen auf Brüche mit dem Anciennitätsprinzip hindeutet.

---

21 Eine Frau und zwei Männer machen zur Altersgruppe keine Angaben. Daher ergibt in der Tabelle die Summe für die Männer 61 (statt 63) und bei den Frauen 17 (statt 18).

In der folgenden Grafik sind die Altersgruppen (in absoluten Zahlenangaben) entlang der fachlichen Zusammensetzung der untersuchten Gruppe dargestellt. Es wird unterschieden zwischen der jüngeren (der zum Befragungszeitpunkt bis 55-Jährigen) und der älteren Hauptgruppe (der ab 56-Jährigen).[22]

Alter und Fach (abs.)

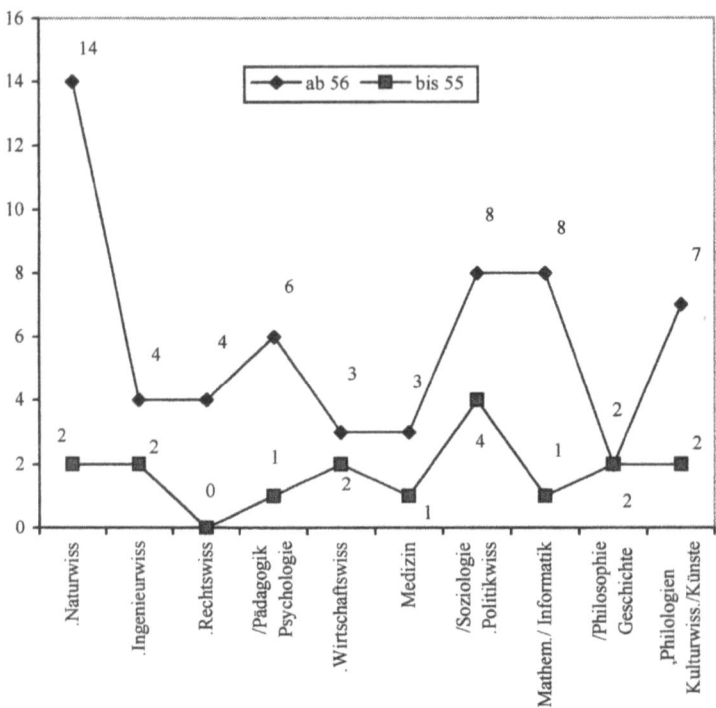

---

22 Die Angaben beziehen sich auf 76 Befragte. In der Kreuztabellierung fehlen 5 Fallangaben.

1.3 Der vergeschlechtlichte Raum der Fakultäten

Auf der Basis der Rücklaufquote von 46 % (81 Fälle) lässt sich im Folgenden entlang der Fachzugehörigkeit der Befragten ein vergeschlechtlichter Raum der Fakultäten re-konstruieren. Den Ausgangspunkt und Vergleichshorizont für die Konstruktion dieses Raumes bildet das Ausgangssample, d.h. die insgesamt angeschriebenen Wissenschaftler/innen (176 Fälle).[23]

Fächerzuordnungen (abs.)
Ausgangssample (176) und Stichprobe (81) im Vergleich

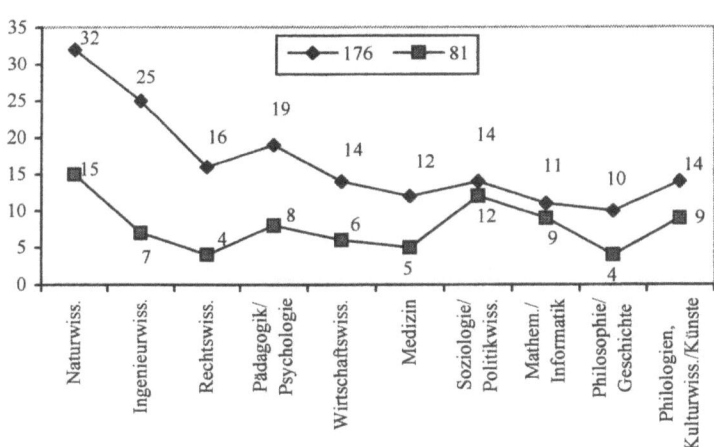

Die obere Linie in der Grafik liefert Informationen über die fachbezogenen Präferenzen bei der Auswahl der Expert/innen durch die sie berufenden Wissenschaftsadministrationen bzw. -politiker/innen. Die untere Linie zeigt im Ver-

---

23 Die Zahlenangaben in der Grafik (obere Linie) ergeben eine Summe von 168 (statt 176), da durch die Informationen, die bei der Auswahl vorlagen, Fächerzuordnungen in acht Fällen nicht rekonstruierbar waren. Die Zahlenangaben zur unteren Linie ergeben eine Summe von 80 (statt 81), da bei der männlichen Vergleichsgruppe eine Angabe zur fachlichen Zuordnung fehlt.

gleich dazu, dass die in die Untersuchung einbezogene Gruppe einen nach Fächern repräsentativen Querschnitt ergibt. Gebrochen wird er durch das Antwortverhalten der Fachvertreter/innen in den Sozialwissenschaften (85,7 % entspricht 12 von 14 Angeschriebenen), aus der Mathematik / Informatik (81,8 % entspricht 9 von 11 Angeschriebenen) und den Philologien etc. (64,3 % entspricht 9 von 14 Angeschriebenen) mit einer im Vergleich der Fächer und zum Ausgangssample überdurchschnittlichen Antwortbereitschaft. Durch eine geringe Antwortbereitschaft zeichnen sich dagegen die Fachvertreter/innen aus den ingenieurwissenschaftlichen etc. Fächern (28 % entspricht 7 von 25 Angeschriebenen), Rechtswissenschaften (25 % entspricht 4 von 16 Angeschriebenen). Bei allen anderen Fächern liegt die Antwortbereitschaft zwischen 40 % und 50%.

Das Ausgangssample (unter 176 sind 32 Wissenschaftlerinnen = 18,2 %) und die Stichprobe (unter 81 sind 18 Wissenschaftlerinnen = 22,2 %) enthalten für solche Expertenpositionen relativ hohe Frauenanteile. Doch tritt sowohl im Ausgangssample (176 Fälle) als auch in der Stichprobe (81 Fälle) die vergeschlechtlichte Struktur des sozialen Raumes der Disziplinen hervor. Die Teilung des Raums der Fakultäten nach Männern und Frauen ist in der folgenden Grafik wiedergegeben – in der Gegenüberstellung des Ausgangssamples (176 Fälle, rechte Seite der Grafik) mit der Stichprobe (81 Fälle, linke Seite der Grafik).

Fach und Geschlecht
Stichprobe: 81 (links) und Ausgangssample: 176 (rechts) im Vergleich

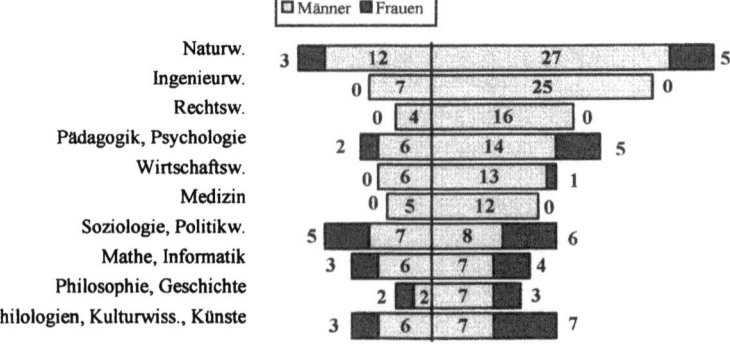

Wie der Gegenüberstellung entnommen werden kann, befinden sich im Ausgangssample in den Ingenieurs-, Rechtswissenschaften und Medizin keine Frauen und in den Wirtschaftswissenschaften findet sich eine, was sich in der untersuchten Gruppe ohne Wissenschaftlerinnen (je 0) entsprechend abbildet. Ein Drittel (sechs) der Wissenschaftlerinnen in der untersuchten Gruppe kommen aus mathematisch-naturwissenschaftlichen Fächern und insgesamt zwei Drittel aus der Pädagogik und der Psychologie sowie aus geisteswissenschaftlichen Fächern (Philosophie, Geschichte), den Philologien- und Kulturwissenschaften sowie aus den Sozialwissenschaften, wobei letztere in der Frauengruppe (mit fünf) überrepräsentiert sind.

Die bisher deutlich gewordene vergeschlechtlichte Struktur des Raums der Fakultäten spricht nicht nur für eine gewisse Repräsentativität der Stichprobe gegenüber dem Ausgangssample. Sie bildet sich auch in der Gegenüberstellung mit den Professorinnenanteilen nach Fächern in den deutschen Hochschulen ab:

- Von den ca. 10% (absolut insgesamt 3592) Professorinnen aller Statusgruppen, die sich z.B. im Jahr 1998 an deutschen Hochschulen befanden, waren die meisten in den Sprach-, Kultur- und Sportwissenschaften (absolut 919) tätig, gefolgt von den Sozial-, Wirtschafts- und Rechtswissenschaften (901), Kunst und Kunstwissenschaften (671), Mathematik und Naturwissenschaften (371), Ingenieurwissenschaften (392), Humanmedizin (193) etc. (vgl. Bundesministerium für Bildung und Forschung 2000, Grund- und Strukturdaten: 228f.).

2. Die Akkumulation des kulturellen Kapitals im wissenschaftlichen Feld

Im Folgenden geht es um die Frage, wie sich die Professor/innengruppe in Hinblick auf die Statuspositionen weiter ausdifferenziert.
Dabei stehen zwei Gesichtspunkte im Vordergrund:

- Welche Ressourcen in Form der Ausprägungen des kulturellen Kapitals finden sich in dem Untersuchungsfeld?
- Wie verteilen sich die im Machtraum der wissenschaftspolitischen Steuerung verfügbaren Positionen in den Organisationen des Feldes auf die Frauen und Männer der (schriftlich befragten) Professor/innengruppe?

2.1 Die Professur als Voraussetzung

In der *Promotion* und der *Habilitation* bestehen für die Befragten in der Regel die formalen Qualifikationsvoraussetzungen, um in die Professur aufzusteigen. Über die Habilitation als höchsten akademischen Bildungstitel verfügen ca. 57 % (absolut 46 Professor/innen von n = 81 = 100 %). Über die Promotion (ohne Habilitation) als formales Zugangskriterium zur Professur verfügen ca. 35 % der Professor/innen (absolut 28 von n = 81 = 100 %).[24] Von diesen 74 Professor/innen hat eine Mehrheit von ca. 62 % (50 von n = 81 = 100 %) in den 1960er Jahren bis 1975 entweder die Promotion oder die Habilitation erworben (vier davon bereits in den 1950er Jahren). Diese höchsten Bildungsabschlüsse werden demnach während der Zeit der Hochschulexpansion erreicht. Weitere ca. 20% (absolut 17) haben die Promotion oder Habilitation als Zugangsvoraussetzung zur Professur nach dieser Expansionsphase zwischen 1976 und 1989 erworben. Weitere fünf Promotionen bzw. Habilitationen entfallen auf die 1990er Jahre.[25]

Den Zeiten für die Bildungsabschlüsse entsprechend liegen auch die Zeiten, in denen die Berufung auf die jeweils *höchste Professur* erfolgte, mehrheitlich zwischen Anfang der 1960er und Ende der 1970er Jahre. Knapp die Hälfte (40 von 81 Befragten: 49,4 %) hat den für sie jeweils höchsten Professor/innenstatus bereits bis Ende der 70er Jahre erreicht. Die andere Hälfte der Professor/innen aus der Untersuchungsgruppe (39 von 81 Befragten: 48,1 %) wird in den 80er und 90er Jahren auf die für sie (zum Befragungszeitpunkt) jeweils höchste erreichte Professur berufen. Davon knapp 30 % (23 von 81 Befragten: 28,4 %) in den 80er und ca. 20 % (16 absolut) in den 90er Jahren. Die Tabelle verzeichnet die entsprechenden Angaben in absoluten Zahlen.[26]

---

24 Zu diesen 74 Fällen mit Promotion oder Habilitation als höchstem Bildungstitel kommen drei weitere Fälle, die einen Studienabschluss ohne Promotion angeben. Zwei davon nehmen später (1960 bzw. 1970) dennoch Professuren ein. In den restlichen vier Fällen von insgesamt 81 (= 100 %) liegen zum höchsten akademischen Abschluss keine Angaben vor.

25 Die Situation der Berufung auf eine Professur auch ohne Habilitation findet sich innerhalb der Untersuchungsgruppe in allen Berufungsjahrgängen zwischen den 1950er und 1990er Jahren.

26 Insgesamt werden 79 Fälle von insgesamt 81 Fällen in die Analyse der Verteilung des kulturellen Kapitals einbezogen. Auszuschließen waren zwei Fälle (ein Mann, eine Frau), von denen keine akademische Laufbahn eingeschlagen wurde. In weiteren vier Fällen ist aus den Angaben der Befragten zum Befragungszeitpunkt bzw. zu der zuletzt eingenommenen hauptberuflichen Position und auch aus den Angaben zum akademischen Werdegang nicht ersichtlich, dass eine Berufung auf eine Professur stattgefunden hätte. Diese Fälle wurden dennoch in die Positionsanalyse einbezogen, da von ihnen Leitungspositionen in verschiedenen Wissenschaftseinrichtungen eingenommen wurden. Hierbei handelt es sich um drei männliche Befragte, die der ältesten Gruppe zuzuordnen sind und diese Positionen bereits in den 70er Jahren in einer außeruniversitären Forschungseinrichtung erreicht hatten. Eine der befragten Frauen ist ihren Angaben zu Folge ebenfalls in einer außeruniversitären Forschungseinrichtung hauptberuflich tätig

Berufungsjahrgänge			
Berufungen in den Jahren:	Gesamt	Männer	Frauen
1960 – 1979	40	33	5
1980 – 1989	23	19	4
1990 – 2000	16	8	8
Gesamt	79	60	17

Retrospektiv spiegeln sich in dieser Verteilung der Berufungsjahrgänge die geschlechts- und altersspezifischen Auswirkungen der Berufungspolitik an den westdeutschen Hochschulen aus den 70er Jahren wider.

So gehören zu der Gruppe, die bereits bis Ende der 70er Jahre den höchsten Professurenstatus erreicht hatte und im Zeitraum der vergangenen zehn Jahre als Expert/in für die Hochschulplanung berufen wurde, 33 Professoren und 5 Professorinnen. Dass 2 von diesen 5 vom Berufungsjahrgang her älteren Professorinnen nicht aus der Bundesrepublik, sondern aus dem europäischen Ausland rekrutiert wurden, mag auch als ein Beleg für die bei den sozialstrukturellen Determinanten bereits angesprochene Anciennitätsthese dienen.

Während die Gruppe insgesamt noch deutlich durch das Anciennitätsprinzip strukturiert ist, spricht der hohe Anteil von 8 Frauen in der Gruppe der in den 90er Jahren Berufenen jedoch dafür, dass es Tendenzen gibt, den geringen Frauenanteil insgesamt durch eine verstärkte Rekrutierung jüngerer Professorinnen auszugleichen. Hier spiegelt sich der im Zeitverlauf zwar langsam, aber insbesondere in den 90er Jahren doch stetig steigende Frauenanteil an den Professuren, der auch eine positive Wirkung auf die Integration von Frauen in wissenschaftspolitische Ämter zu haben scheint. So ist laut Angaben der Bund-Länder-Kommission für Bildungsplanung und Forschungsförderung (BLK) der Professorinnenanteil an deutschen Hochschulen von 6,5 % im Jahr 1992 (2.246 von 34.702 Professuren insgesamt) auf 10,5 % im Jahr 2000 (3.986 von 37.794 Professuren insgesamt) gestiegen (BLK 2002: 4).[27]

---

und dort in der Position einer stellvertretenden Leitung, ohne dass aus den Angaben hervorginge, dass eine Professur erreicht wurde. Dieser Fall findet sich in der jüngsten Altersgruppe der bis Ende der 50er Jahre Geborenen.

27 Im internationalen Vergleich ist laut Angaben der Europäischen Kommission in der Bundesrepublik im Jahr 2000 von 11 % außerordentlichen und 7 % ordentlichen Professorinnen auszugehen (vgl. ‚Die Zeit', 23.5.2002, S. 36, Quelle: European Commission, DG RTD, Women and Science Unit). Damit rangiert die BRD bei den ordentlichen Professuren im Vergleich mit der Türkei (21,5 %), Finnland (18 %), Portugal (17 %), Spanien (15 %), Frankreich (14 %), USA (13,8 %), Schweden, Italien, Großbritannien (jeweils 12 %), Griechenland (10 %) und Dänemark (8 %), mit 7 % an viertletzter Stelle vor Österreich und den Niederlanden (jeweils 6 %)

Auch wenn wir aufgrund der geringen Größe der Stichprobe keine über sie hinausgehenden Verallgemeinerungen vornehmen wollen, so können wir anhand der ausgewählten Gruppe, die Berufungsjahrgänge aus den letzten gut 30 Jahren umfasst, erkennen, dass es bei der Elitenintegration zumindest Anzeichen für Flexibilisierungen und damit auch Anzeichen für Verflüssigungen des Anciennitätsprinzips (vgl. dazu II.1.2) gibt.

Was die Gegenüberstellung der Ergebnisse zu den verschiedenen Berufungsjahrgängen aus unserer Untersuchung mit der offiziellen Berufungsstatistik jedoch deutlich vor Augen führt, ist der Sachverhalt, dass die die Expert/innen auswählenden Instanzen aus der Politik nach wie vor auf ein äußerst geringes Reservoir an Wissenschaftlerinnen zurückgreifen (müssen), was vermutlich um so länger der Fall sein wird wie der Status Professur als die wichtigste Voraussetzung zählt, damit Wissenschaftler/innen als Expert/innen in wissenschaftliche und wissenschaftspolitischen Gremien oder als Mitglieder der Wissenschaftsorganisationen berufen werden.

Im Vergleich zu den Zahlen aus der offiziellen Berufungsstatistik ist die Stichprobe nicht repräsentativ. Sie weist einen relativ hohen Anteil von 18,5 % (32) Frauen zu 81,5 % (144) Männern auf. Dies erklärt sich insbesondere aus der Präsenz von Frauenbeauftragten in den Hochschulstrukturkommissionen und durch die Berücksichtigung der im überregionalen Wissenschaftsrat vertretenen Professorinnen. Eine grundlegend veränderte Rekrutierungsstrategie, die einem Bruch mit dem konstatierten Anciennitätsprinzip gleich käme, lässt sich in diesem Frauenanteil von 18,5 % noch nicht erkennen.

Weiterhin lassen die Ergebnisse zu den Berufungsjährgängen erkennen, dass die Instanzen, die die Expert/innen einsetzen, Integrationsleistungen erbringen, bei denen sie (noch) andere Kriterien zu Grunde legen. So lässt sich anhand der Angaben der Befragten z.B. nachvollziehen, dass in den 90er Jahren auch Professor/innen mit DDR-Biografie oder Stellen an Hochschulen der neuen Bundesländern gezielt als Expert/innen in wissenschaftspolitische Kommissionen integriert werden.

Damit weisen die Ergebnisse aus der quantitativen Analyse auf das Erfordernis einer sorgfältigen historischen und feldspezifischen Kontextualisierung bei der Analyse und Einordnung von Berufungsvorgängen wie von wissenschaftlichen Werdegängen hin.

---

sowie Irland (5 %) (vgl. ebd.).

2.2 Die Wege von der Professur aufwärts

Die folgende Tabelle verdeutlicht, dass sich die während der Laufbahn erreichten statushöchsten Professuren zu ca. 60 % auf die Universitäten verteilen (absolut 46 von 79).[28] Circa 25 % der Professuren sind in außeruniversitären Forschungseinrichtungen (22 absolut) und ca. 15 % (11 absolut) in Fachhochschulen angesiedelt. Die Mehrzahl der Expert/innen kommt somit aus Universitäten.

Professuren an Hochschulen und Forschungseinrichtungen			
	Universität	Forschungseinrichtung	Fachhochschule
Männer absolut	35	19	8
Männer %	44,3	24	10,1
Frauen absolut	11	3	3
Frauen %	13,9	3,8	3,8

Während die 11 Fachhochschul-Professuren alle nach C3 dotiert sind und die 22 Positionen in den außeruniversitären Forschungseinrichtungen bei vereinzelten Ausnahmen[29] dem Status der C4-Professur unterliegen, zeigt sich für die 46 Universitäts-Professuren, dass sie mehrheitlich in der höchsten C4-Statusgruppe angesiedelt sind.

Statusdifferenzierung an Universitäten		
Von insgesamt 46 Professuren an Universitäten:	C4-Professuren	C3-Professuren
Männer absolut	29	8
Männer %	36,7	8,9
Frauen absolut	6	4
Frauen %	7,6	5,1

Die statushöchste C4-Professur scheint die beste Voraussetzung zu sein, um als Expert/in für hochschul- und wissenschaftspolitische Fragen berufen zu werden.

Wie aus der Fortschreibung der Statistik der Bund-Länderkommission für

---

28 Bei der Positionsanalyse in Kapitel 2.2 beziehen sich die Berechnungen auf eine Grundgesamtheit von 79 Fällen (= 100 %), darunter 17 Professorinnen (= 100 %) und 62 Professoren (= 100 %) (vgl. Fußnote 26).
29 Diese Einzelfälle finden sich bei den Männern aus der Untersuchungsgruppe, die um 1970 in außeruniversitäre Forschungseinrichtungen eingetreten sind und dabei gleichzeitig mit leitenden Funktionen betraut wurden. In einem Fall gilt dies auch für die stellvertretendende Leiterin in einer außeruniversitären Forschungseinrichtung, wo diese Leitungsaufgabe auf der Basis einer Stelle unterhalb der Professur ausgeübt wird.

Bildungsplanung und Forschungsförderung (BLK) zu Frauen in Führungspositionen an Hochschulen und außeruniversitären Forschungseinrichtungen hervorgeht, sinkt mit steigender Wertigkeit der Professuren der Anteil der Professorinnen noch immer regelhaft. So befanden sich die Professorinnen an deutschen Hochschulen im Verhältnis zu den Professoren im Jahr 2000 am häufigsten auf C2- (14,2 %) und C3-Professuren (10,2 %) und am seltensten in der C4-Position (6,3 %) (vgl. BLK 2002: 4).[30] Aus diesem vom Status her als berufungsfähig eingestuften, quantitativ eingeschränkten Wissenschaftlerinnenreservoir schöpfen die Entscheidungsträger in der Hochschul- und Wissenschaftspolitik, wenn sie Professorinnen als Expertinnen berufen.

Vor dem Hintergrund der Entwicklung der Personalstrukturen des wissenschaftlichen Feldes ist es nicht zufällig, dass die Mehrheit der für diese Untersuchung ausgewählten Professorinnen zu der jüngsten Berufungsgruppe gehört, die zwischen der zweiten Hälfte der 80er und der ersten Hälfte der 90er Jahre in ihre jeweils statushöchste Professur aufgestiegen sind: Fünf Professorinnen aus der Untersuchungsgruppe sind in diesem Zeitraum in eine C4-Professur an Hochschulen, zwei in eine C3-Universitätsprofessur und weitere zwei in eine C3-Fachhochschulprofessur aufgestiegen.

Den akademischen Laufbahnen derjenigen Expert/innen, die es in diesem Zeitraum bis in die statushöchste C4-Professur geschafft haben, ist zu entnehmen, dass auf diesem Weg die beschriebenen Hürden der Statusdifferenzierung zu überwinden waren. Diese Wege führen von der Mitarbeiter/innen- bzw. Assistent/innenstelle nicht direkt in die C4-Professur, wie es für die akademischen Werdegänge der in den 70er Jahren Berufenen häufiger vorkommt.

Für diejenigen, die in den Berufungsgruppen der 80er und 90er Jahre in eine C4 aufgestiegen sind, verläuft der Weg über eine Karriereleiter und führt über

---

30 Die Vergleichzahlen liegen 1990 z.B. an den westdeutschen Hochschulen bei 8 % Stelleninhaberinnen von C2-, 6,1 % bei den C3- und 2,6 % in C4-Professuren (vgl. BLK 1996, Anlage zum Bericht S. 2). Ohne diese systematisch hierarchische Anordnung zu unterbrechen, werden als Zwischenresultat des Berufungsgeschehens und der Personalüberleitungspolitik an den ostdeutschen Hochschulen in der ersten Hälfte der 90er Jahre zwischenzeitlich höhere Werte erreicht. 1993 waren es z.B. 10,4 % C2-, 12,5 % C3- und 7,2 % C4-Professorinnen, wobei sich der C4-Professorinnenanteil an den Hochschulen in den ostdeutschen Bundesländern 1995 mit 5,5 % wieder an das niedrigere westdeutsche Niveau angleicht (vgl. Burkhardt 1997: 38 und 1995). Im Durchschnitt aller außeruniversitären Forschungseinrichtungen (Max-Planck-Gesellschaft, Wissenschaftsgemeinschaft Gottfried Wilhelm Leibniz, Fraunhofer Gesellschaft, Hermann von Helmholtz-Gemeinschaft Deutscher Forschungszentren) lag der Anteil des „weiblichen Personals in Führungspositionen", was in der BLK-Statistik C3 und C4 einschließt im Jahr 1992 bei 2,0 % (absolut 37), während die 5 %-Marke erst im Jahr 1999 (absolut 90) erreicht und im Jahr 2001 mit 5,8 % um 0,8 Prozentpunkte (absolut 103) überschritten wird (BLK 2002, Anhang, Tabelle 7.1).

eine C2-Professur und / oder über eine C3-Professur und in einigen Fällen über eine außerplanmäßige Professur nach C4. Durchschnittlich vergehen dabei zwischen der ersten und der höchsten nachfolgenden Professur acht bis zehn Jahre.

Auf der Basis des mit der Professur erworbenen wissenschaftlichen Prestiges, das mit steigender Statusposition zunimmt und das z.T. erhebliche Zeitinvestitionen erfordert, erwerben die Professor/innen das Kapital an wissenschaftlicher und universitärer Macht.

2.3 Leitungsaufgaben und Leitungspositionen. Das Kapital an wissenschaftlicher und universitärer Macht

Der eingeführten Definition entsprechend, beinhaltet das *wissenschaftliche und universitäre Machtkapital* Autoritäts- und Machtformen, die mit verschiedenen Selbstverwaltungs- und Managementaufgaben sowie mit Führungs- und Leitungspositionen in den Hochschulen, Forschungseinrichtungen und Wissenschaftsorganisationen in Verbindung stehen. Universitäre und wissenschaftliche Macht beinhalten z.B. die Stellung des Hochschulrektors, des Universitätspräsidenten, des Direktors bzw. der Instituts-/ Abteilungsleitung der außeruniversitären Forschungseinrichtungen der Bundesrepublik.[31] Solche Machtpositionen stehen in der Konzeption des Machtfeldes nicht für sich, sondern sie verbinden das wissenschaftliche Prestige, also die persönliche Reputation, die z.B. durch die Statusposition einer C4-Professur in einer Universität besteht, mit der Autorität der jeweiligen Organisation, deren Position sich (wiederum) im Verhältnis zu den anderen Organisationen des wissenschaftspolitischen Machtfeldes bestimmt.

Um herauszufinden, wie sich das kulturelle Kapital der Professor/innen neben dem wissenschaftlichen Prestige auch aus Anteilen am *universitären und wissenschaftlichen Machtkapital* zusammensetzt, waren bei den Fragen nach den von ihnen wahrgenommenen Leitungsaufgaben Mehrfachantworten möglich.

Das Ergebnis ist nach der Häufigkeit, mit der im Zeitverlauf der akademischen Laufbahnen Leitungsfunktionen wahrgenommen wurden, in der folgenden Grafik dargestellt. Darin sind alle von den Befragten angegebenen Ämter, leitende Funktionen und Positionen in den genannten Organisationen enthalten. Sie reichen vom Vorsitz bzw. der Präsidentschaft einer der Wissenschaftsorganisationen (DFG, WR und HRK), über die Position Rektor/in bzw. Präsident/in an Hochschulen (Universitäten, einschließlich Universitätsklinika und Fachhoch-

---

31 Dazu zählen: die Max-Planck- und Fraunhofer-Gesellschaft, Wissenschaftsgemeinschaft Gottfried Wilhelm Leibniz, Hermann von Helmholtz-Gemeinschaft Deutscher Forschungszentren.

schulen), die Instituts- oder Abteilungsleitung in außeruniversitären Forschungseinrichtungen, bis hin zur Mitgliedschaft in den verschiedensten Ausschüssen in den genannten Organisationen, eingeschlossen ist auch die Position (einer) universitären Frauenbeauftragten. In der Grafik sind Mehrfachfunktionen, die die Befragten ausübten, aufgenommen. Die Berechnungsgrundlage beträgt insgesamt 81 Befragte = 100 %. Die für die Männer und Frauen berechneten Prozentpunkte sind auf die jeweilige Genusgruppe berechnet (Männer: N = 63 = 100 %; Frauen: N = 18 = 100 %).[32]

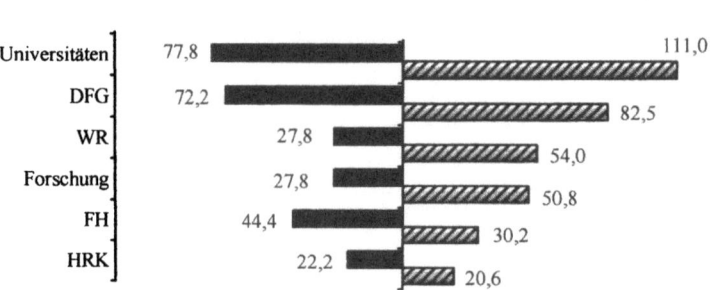

Ablesbar ist, wie sich die Funktionen und Positionen in absteigender Reihenfolge der Organisationen, von den Universitäten bis zur Hochschulrektorenkonferenz (HRK), in der Untersuchungsgruppe auf Männer und Frauen statistisch verteilen. Die geschlechterdifferente Verteilung fällt bei der HRK am unteren Ende der Skala mit einem Übergewicht des Frauenanteils von 1,6 Prozentpunkten (Frauen: 22,2 % Männer: 20,6 %) am geringsten aus. Auch bei den Fachhochschulen

---

32 Um ein möglichst breites Spektrum zu erfassen, waren bei den Antwortkategorien Mehrfachantworten möglich, wodurch die Anteile über 100% ergeben. Hinzu kommen bei den Frauen zwei weitere, nicht in die Tabelle aufgenommenen Leitungspositionen, die in Wissenschaftsorganisationen des Auslands wahrgenommen wurden, die dem deutschen Wissenschaftsrat bzw. der Deutschen Forschungsgemeinschaft von ihrer Aufgabenstellung her im Forschungssystem vergleichbar sind. Eine Übersicht über die weitere Aufschlüsselung der in der Tabelle verzeichneten leitenden Funktionen, Ämter, Kommissionsmitgliedschaften etc. findet sich im Anhang.

ergibt sich ein Übergewicht des Frauenanteils von hier beachtlichen 14,2 Prozentpunkten. Bei allen anderen Organisationen überwiegt der Anteil der Männer. Am geringsten fällt der geringere Frauenanteil bei der DFG mit 10,3 Prozentpunkten ins Gewicht. Der Männerüberhang steigt dann bei der außeruniversitären Forschung mit 23,0 Prozentpunkten, über den Wissenschaftsrat mit 26,2 Prozentpunkten, bis hin zu den Universitäten mit 33,2 Prozentpunkten erheblich an.

Werden die für die universitäre und wissenschaftliche Macht besonders wichtigen repräsentativen Ämter in Hochschulen und Wissenschaftsorganisationen in der folgenden Tabelle (in absoluten Zahlenangaben) gesondert betrachtet, wird die zwischen Männern und Frauen ungleichgewichtige Verteilung noch deutlicher (auch im Vergleich zu der oben beschriebenen Statusdifferenzierung bei den Professuren; vgl. II.2.2).[33]

Repräsentative Ämter in Hochschulen und Wissenschaftsorganisationen						
	Rektor/in, Präsident/in, Vorsitz des WR		Prorektor/in, Vizepräsident/in, Mitglieder der Wissenschaftl. Kommission des WR		Instituts- und Abteilungsleitung	
	Männer	Frauen	Männer	Frauen	Männer	Frauen
DFG	1	0	1	0	0	0
WR	2	0	15	2	0	0
HRK	2	0	3	0	0	0
Forschung	8	0	2	0	10	2
Universitäten	16	1	12	2	5[34]	0
Fachhochschulen	7	2	4	3	0	0

Bezogen auf die untersuchte Gruppe zeigt sich, dass die von den Professorinnen eingenommenen Machtpositionen am häufigsten in den Fachhochschulen zu finden sind. Bezogen auf die Hochschulen insgesamt befinden sie sich eher in den Leitungspositionen der zweiten Ebene, als Prorektorin bzw. Vizepräsidentin und auch bei den außeruniversitären Forschungseinrichtungen finden sich die beiden von Professorinnen eingenommenen Machtpositionen auf der Ebene der Instituts-/ Abteilungsleitung neben den zehn darüber stehenden Positionen, die

---

33 Hier sind aus der vorherigen Grafik zu allen leitenden Funktionen, Positionen und Ämtern (Mehrfachnennungen) nur die (formalen) Ämter und Leitungspositionen von Rektor/in bis Instituts-/Abteilungsleitung in den Organisationen verzeichnet.
34 Dies betrifft fünf Dekane medizinischer Fakultäten in der Untersuchungsgruppe.

dort von Professoren eingenommen werden.[35]

Im Unterschied dazu profitieren von der wissenschaftlichen und universitären Macht, die im Machtfeld mit der Präsidentschaft einer außeruniversitären Forschungseinrichtung verbunden ist, ausschließlich die Professoren. Das gilt für das Amt des Dekans einer medizinischen Fakultät ebenso wie für die Präsidentschaft der DFG, der HRK und für die Machtposition, die mit dem Vorsitz des Wissenschaftsrates verbunden ist, der in seiner Organisationsgeschichte seit 1957 in den 1990er Jahren –bisher einmalig – eine Professorin zur Vorsitzenden hatte.

Die Ergebnisse zu den repräsentativen Ämtern verweisen auf Geschlechterhierarchien innerhalb der Organisationen: je höher die Position desto weniger Frauen finden sich in ihnen. Zudem geben sie Anlass zu der Annahme, dass in dem Gesamtfeld, das von den verschiedenen Organisationen gebildet wird, eine Geschlechterhierarchie existiert, die (parallel) entlang einer Statushierarchie verläuft, die zwischen den Organisationen besteht. Letztere kommt in der von den Fachhochschulen bis zur DFG reichenden Rangfolge zum Vorschein, die sich aufbaut, wenn die Häufigkeitsverteilung der Leitungs- und repräsentativen Positionen nach Geschlecht aufgeschlüsselt wird.

Beim Wissenschaftsrat, der in der Rangfolge der Organisationen zusammen mit der DFG oben steht, finden sich unterhalb des Organisationsvorsitzes neben 15 von Männern auch 2 von Frauen eingenommene Positionen wissenschaftlicher Macht. Sie resultieren aus Mitgliedschaften in der Wissenschaftlichen Kommission dieser Organisation.[36] Als Organisationsmitglieder sind sie an den Begutachtungsverfahren des Wissenschaftsrates beteiligt, deren Ergebnisse sie mit der wissenschaftspolitischen Seite (aus Bund und Ländern) abstimmen, die in der Verwaltungskommission des Wissenschaftsrates vertreten sind.

Insofern verbindet sich mit der Organisationsmitgliedschaft v.a. im Wissenschaftsrat und der DFG die Möglichkeit, universitäres und wissenschaftliches Machtkapital (Leitungspositionen, Ämter) und gleichzeitig wissenschaftliches Prestige (v.a. als Gutachter/in) zu erwerben. Wissenschaftliches Prestige sowie die universitäre bzw. wissenschaftliche Macht, stellen unterschiedliche Ausprägungen des kulturellen Kapitals der Professor/innen dar.

---

35 Laut BLK ist der Frauenanteil in Führungspositionen in dt. außerhochschulischen Forschungseinrichtungen von 2,0 % / 1992 auf 5,2 % / 2002 gestiegen und „liegt aber damit noch deutlich unter dem Anteil der Frauen in Führungspositionen der Hochschulen"(BLK 2002: 6).
36 Die Mitglieder der Wissenschaftlichen Kommission werden als Vertretungen der Fachdisziplinen auf Vorschlag der Deutschen Forschungsgemeinschaft (DFG), der Max-Planck-Gesellschaft zur Förderung der Wissenschaften (MPG), der Hochschulrektorenkonferenz (HRK) u.a. Forschungsorganisationen vorgeschlagen und vom Bundespräsidenten für zwei Jahre berufen.

2.4 Forschungsaktivitäten. Der Erwerb des wissenschaftlichen Prestiges

Neben dem Wissenschaftsrat erweist sich die Deutsche Forschungsgemeinschaft als Organisation, die vor allem für den Erwerb des wissenschaftlichen Prestiges zentral ist. Dies zeigen die Häufigkeitsverteilungen in Bezug auf die Mitarbeit in Kommissionen und Ausschüssen, die der folgenden Tabelle zu entnehmen sind.

	Forschungs- und Gutachter/innentätigkeiten								
	Mitglied in Kommissionen, Arbeitsgruppen, Beiräten, Ausschüssen		Gutachter/in		Mitgründung Forschungsschwerpunkte und Sonderforschungsbereiche der DFG		Mitbegründer/in von Forschungsschwerpunkten an Hochschulen		Mitherausgabe wiss. Zeitschriften und Reihen	
	Männer	Frauen	Männer	Frauen	Männer	Frauen	Männer	Frauen	Männer	Frauen
DFG	28	6	39	9	29	8	0	0	0	0
WR	15	2	17	2	0	0	0	0	0	0
Stiftungen	0	0	22	10	0	0	0	0	0	0
Forschungstätigkeit	0	0	0	0	0	0	20	8	0	0
Publikationstätigkeit	0	0	0	0	0	0	0	0	42	11

Insgesamt sind die aufgeführten Tätigkeiten wichtige Indikatoren für das wissenschaftliche Prestige. Bei den Gutachter/innentätigkeiten kommt auch den wissenschaftlichen Stiftungen eine Bedeutung zu, v.a. bei den Wissenschaftlerinnen.

Wie oben anhand der Ergebnisse zum Indikator Leitungspositionen in den Hochschulen und Wissenschaftsorganisationen analysiert, ergibt sich aus diesen Indikatoren zur Verteilung des Kapitals an wissenschaftlichem Prestige bei einer insgesamt festzustellenden statistischen Unterrepräsentanz von Professorinnen die Schlussfolgerung: Wer in bestimmte Positionen des wissenschaftlichen Feldes aufgestiegen ist, investiert – geschlechtsunabhängig – in erforderliche Basisaktivitäten, die der Erhaltung und Erhöhung des wissenschaftlichen Prestiges dienen, hier insbesondere in Form von Publikations- und Forschungsleistungen.

2.5 Kulturelles Kapital durch Auszeichnungen und Preise

Wie aufgezeigt wurde, kann das symbolische Kapital der Anerkennung aus Forschungsleistungen (wissenschaftliches Prestige) als auch aus dem Kapital an universitärer und wissenschaftlicher Macht, wie die Besetzung der repräsentativen Ämter an der Spitze einer im Feld bedeutenden Organisation, resultieren. Weitere Aspekte sind Auszeichnungen und Preise. Darüber, in welchen Verteilungsrelationen sich diese Ausprägung des kulturellen Kapitals des wissenschaftlichen Feldes innerhalb der Untersuchungsgruppe wieder findet, informieren folgende Übersichten – nach Männern und Frauen getrennt dargestellt. Sie enthalten wissenschaftliche Preise und Auszeichnungen, welche die Befragten angeben erhalten zu haben, und Auszeichnungen für gesellschaftliches Engagement.

Kulturelles Kapital durch Auszeichnungen und Preise					
Männer abs. 63 = 100% - Frauen abs. 18 = 100%					
	Auszeichnungen für wissenschaftliche Leistungen	Mitgliedschaften (inter)-nationale Wissenschaftsakademien	Mitgliedschaften in (inter)-nationalen Preiskomitees	Ehrendoktorwürde	Auszeichnungen für gesellschaftliches Engagement
Männer abs.	48	39	37	22	21
Männer %	77,4	62,9	59,7	35,5	33,9
Frauen abs.	6	7	8	1	3
Frauen %	35,3	41,7	47,1	5,9	17,6

Größere Unterschiede zwischen Frauen und Männern finden sich nicht bei der Mitgliedschaft in den besonders angesehenen Akademien der Wissenschaft oder in Komitees, von denen wissenschaftliche Preise verliehen werden. Die Diskrepanzen ergeben sich an den Punkten der Zuerkennung der Ehrendoktorwürde und bei den Auszeichnungen für wissenschaftliche Leistungen,[37] also an den Punkten der An- und Zuerkennung von Ehre aufgrund von Verdiensten ad personam. Zu diesem ad personam zugeschriebenen symbolischen Kapital der Anerkennung zählen auch die Auszeichnungen für gesellschaftliche, über das wissenschaftliche Feld hinaus anerkannte und persönlich zugeschriebene Verdienste.[38]

---

37 Beispiele hierfür sind neben vielen anderen der Gottfried-Wilhelm-Leibniz-Preis, der als höchster deutscher Forschungspreis (dotiert mit 1,5 bis 3 Millionen Euro) von der DFG verliehen wird, die Max-Planck-Medaille, die seit 1929 von der Deutschen Physikalischen Gesellschaft verliehen wird, oder der Max-Planck-Preis der Alexander von Humboldt-Stiftung.
38 Zu diesen Auszeichnungen gehören insbesondere die verschiedenen Abstufungen der Bundesverdienstkreuze für politische, wirtschaftlich-soziale etc. Leistungen, die Landesmedaillen oder

Der empirische Befund zur statistischen Verteilung der ad personam erworbenen gesellschaftlichen Ehrentitel und wissenschaftlichen Meriten lässt sich auf die Formel bringen: Je höher das i.d.R. mit dem Lebensalter korrespondierende Alter des Berufungsjahrgangs, desto höher ist, wie bereits gezeigt wurde, der Anteil an Männern und ebenso das in dieser Gruppe kumulierende symbolische Kapital. Unverkennbar ist hier das konstatierte Anciennitätsprinzip in Kraft (vgl. II.1.2). Bei der Distribution des symbolischen Kapitals, für dessen Erwerb nicht zuletzt die repräsentativen Positionen relevant sind (vgl. insbes. II.2.3), findet es eine besonders ‚reine' Ausdrucksform.

Daher können wir aus der gruppenbezogenen Analyse der Verteilungsstrukturen der verschiedenen Kapital- und Machtformen das Ergebnis festhalten, dass das Geschlecht, ähnlich wie das Alter, als ein Differenzierungskriterium wirkt, das sich auf die Berufung der Frauen und Anerkennung als Expertinnen eher positiv auszuwirken scheint. Dies spricht für das Argument, dass es im Machtfeld zu einer (auch gezielten) Rekrutierung von (jüngeren) Frauen kommt, um den geringen Frauenanteil in den ansonsten rekrutierungsrelevanten, durch Alter oder symbolisches Kapital konstituierten Gruppen auszugleichen.

Aufschluss über Anerkennungs-, Auswahl- und Rekrutierungskriterien und wie die Kriterien in dem zwischen Wissenschaft und Politik aufgespannten Machtfeld eingesetzt werden, geben die im Folgenden unter Grenzziehungen zusammengefassten Ergebnisse aus der Fragebogenerhebung.

3. Innen und Außen des wissenschaftlichen Feldes

3.1 Die Zuschreibung der Anerkennung

Um Aufschlüsse darüber zu erhalten, wie die ungleichmäßige Teilnahme von Frauen und Männern an wissenschaftspolitischen Entscheidungsprozessen von innen heraus, aus der Perspektive von Akteur/innen des Feldes gesehen und bewertet wird, waren (als Antwortkategorien im Fragebogen) Statements zur ‚geschlechtsspezifischen' Inklusion und Exklusion formuliert. Sie beinhalten bestimmte, aus der Forschungsliteratur zum wissenschaftlichen Feld bekannte Einflussfaktoren für Diskriminierungen an der Trennlinie Geschlecht. Die Art der

---

der Ludwig-Erhardt-Preis als Auszeichnung für Spitzenleistungen im vor allem wirtschaftlichen internationalen Wettbewerb, der von der Alfred Krupp von Bohlen und Halbach Stiftung vergebenen Krupp-Wirtschaftspreis und auch Orden, die heute keine staatliche Anerkennung mehr genießen, aber im Bereich der Kunst und Wissenschaft nach wie vor mit ‚Prestige' versehen sind, wie z.B. der auf König Friedrich II von Preußen zurückgehende Orden pour le Mérite.

Fragestellung führte die Befragten dazu, eine (bewusst) zweigeschlechtliche Sicht auf diese Diskriminierungsfaktoren einzunehmen.

Die Statements (Diskriminierungsfaktoren) sowie die von den Befragten vorgenommenen Bedeutungszuschreibungen sind in der folgenden Tabelle in eine Rangfolge nach ‚hohem Einfluss' gebracht und die Ergebnisse nach Männern und Frauen getrennt aufgeführt. Die Zahlenangaben in der Tabelle beziehen sich auf die Häufigkeit, mit der die sieben Statements aus der Gruppe der männlichen (N = 63 = 100 %) und aus der Gruppe der weiblichen Befragten (N = 18 = 100 %) von allen (81 Befragten) genannt werden.

Einschätzung von Diskriminierungsfaktoren nach ‚hohem Einfluss'	Frauen (abs. u. %)	Männer (abs. u. %)
Organisationsstrukturen: Der Wissenschaftlerinnenpool in hohen Hochschul-, Wissenschafts- und Forschungsorganisationenpositionen ist zu klein und schränkt die Auswahl bei der Rekrutierung für Expertengremien ein.	17 = 94,5%	55 = 87,3%
Rarität: Einzelne Expertinnen werden in viele Expertengremien berufen, so dass sie für weitere Berufungen nicht zur Verfügung stehen können.	15 = 83,4%	45 = 71,4%
Kompetenz: Es stehen nicht ausreichend Wissenschaftlerinnen wissenschaftspolitischen Sachverstand und Überblick zur Verfügung.	12 = 66,7%	44 = 69,9%
Geschlechterrollen: Expertinnen steht haben durch Doppelbelastungen in Familie und Beruf nicht ausreichend Zeit für Leitungsfunktionen.	11 = 61,1%	43 = 68,2%
Durchlässigkeit: Unterrepräsentanz ist ein allgemeines Problem von Newcomern. Deswegen ist auch die Newcomer-Gruppe ‚Frauen in Spitzenpositionen der Wissenschaft' noch in einer Minderheitenposition.	12 = 66,7%	39 = 61,9%
Reputation: Es gibt in jedem Fach ein bestimmtes Reservoir an anerkannten Wissenschaftler/innen. Und das sind mehrheitlich Männer.	13 = 72,2%	34 = 54,0%
Netzwerke: Wissenschaftler sind besser in Netzwerke eingebunden, die auf persönlichen Bekanntschaften beruhen, und für Empfehlungen einer Person als Experte entscheidend sind.	16 = 88,9%	29 = 46,0%

Die zwischen Männern und Frauen übereinstimmenden und unterschiedlichen Bedeutungszuschreibungen werden in der folgenden Grafik (Prozentangaben) veranschaulicht.

Einschätzung von Diskriminierungsfaktoren

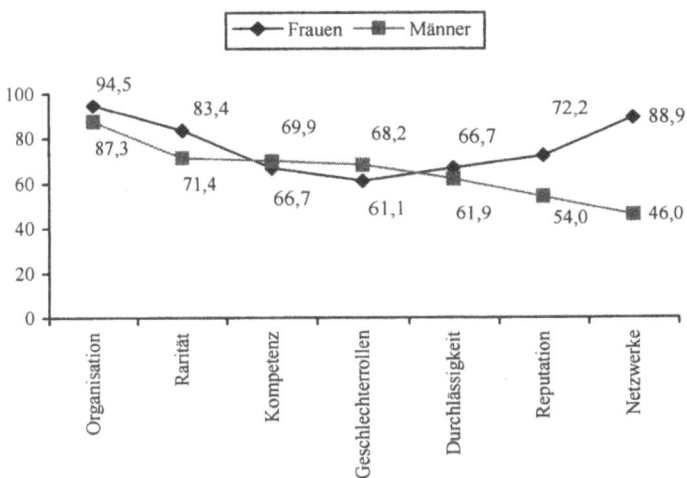

Deutlich wird, dass alle Befragten die Einnahme von Spitzenpositionen in den Organisationen des Feldes (Statement *Organisationsstrukturen*) als die wichtigste Voraussetzung dafür wahrnehmen, um als Experte bzw. Expertin in entsprechende Gremien berufen bzw. für eine Berufung vorgeschlagen zu werden. Anders verhält es sich mit dem guten Ruf, der einer/m Wissenschaftler/in zugeschrieben wird (Statement *Reputation*). Nicht nur wird der Reputation als Faktor für die Inklusion bzw. Exklusion von den Männern ein vergleichsweise geringer Stellenwert beigemessen, sondern es stellt sich heraus, dass die Wahrnehmungen und Bewertungen der Reputation zusammen mit dem Faktor Netzwerke zwischen den befragten Professoren und den Professorinnen im Vergleich zu den übrigen Faktoren stärker divergieren: Die Professoren schreiben dem Einfluss der wissenschaftlichen Reputation als Kriterium für die Expert/innenberufung mit etwas mehr als der Hälfte (mit 54 % = 34 von 63 befragten Männern) gerade noch mehrheitlich eine Bedeutung zu, während die Professorinnen (13 von 18 befragten Frauen) die Reputation mit 72 Prozentpunkten bewerten und ihr damit mehrheitlich einen hohen Einfluss zuschreiben. Am stärksten unterscheiden sich die Bewertungen beim Statement *Netzwerke*. Diesem vorgegebenen Statement nach sind Wissenschaftler besser als Wissenschaftlerinnen in Netzwerke eingebunden, die für Empfehlung und Berufung als Experte entscheidend sein können. Während die Professorinnen diesen Männernetzwerken mit fast 90 % einen sehr hohen Einfluss zuschreiben, lehnt die männliche Gruppe das Statement zu den Männernetzwerken mit einer Zustimmung von 46 % mehrheitlich ab. Diesem Absinken des Wertes unter die 50 %-Marke korrespondiert innerhalb der männlichen Vergleichsgruppe eine deutliche Unentschiedenheit: Unter den 58 (von 63) befragten Professoren, die eine Einschätzung des Einflusses von Netzwerken getroffen haben, geht die eine Hälfte von einem hohen und die andere Hälfte von einem geringen Einfluss als Diskriminierungsfaktor aus.

Solche Wahrnehmungs- und Bewertungsunterschiede (innerhalb der männlichen sowie im Vergleich zur weiblichen Gruppe) lassen sich so interpretieren, dass die Geister sich genau an dem Punkt scheiden, an dem homosozial strukturierte Rekrutierungsmuster des wissenschaftlichen Feldes in das Spiel um Anerkennung eingehen. Von dem US-amerikanischen Wissenschaftssoziologen Merton (1985), der als einer der ersten die Wissenschaft (auch) als einen sozialen Raum beschrieben und analysiert hat, werden Mechanismen der Zuschreibung von Anerkennung als wesentlich für die interne soziale Ausdifferenzierung von Scientific Communities herausgestellt. Merton hat auch den so genannten Matthäuseffekt beschrieben, demzufolge eine hohe zugeschriebene Anerkennung von Wissenschaftler/innen dazu tendiert, noch höhere Anerkennung hervorzurufen. Dies ist nicht als Automatismus zu verstehen, sondern hängt mit den wissenschaftlichen Organisationsstrukturen zusammen. Hier stellt sich die Verbindung zur Untersuchungsgruppe her. Alle Befragten schreiben den Organisationsstrukturen den wichtigsten Stellenwert zu. Doch scheint –ähnlich wie beim Matthäuseffekt – in dem hier analysierten Segment des wissenschaftlichen Feldes zusätzlich entlang der sozialen Trennlinie Geschlecht ein Raritätseffekt zu greifen.

Als ein Hinweis auf den Raritätseffekt lassen sich die Einschätzungen der befragten Wissenschaftlerinnen interpretieren. Sie schreiben nach den *Netzwerken* der *Rarität* und der *Reputation* (im Unterschied zu den Wissenschaftlern) einen hohen Stellenwert als möglichen Diskriminierungsfaktoren zu. Aus der Kombination der drei Faktoren stellt sich das her, was sich als Raritätseffekt beschreiben lässt: Wenn es in jedem Fach ein Reservoir an bereits Anerkennung genießenden Wissenschaftlern gibt (Reputation), dann werden diese vorwiegend Kolleg/innen ihres Netzwerkes kennen, die sie für eine Expertenposition (bzw. eine Veröffentlichung, einen Tagungsbeitrag etc.) empfehlen (können). Gehören dazu nur wenige Kolleginnen, dann erhalten diese rein quantitativ weniger häufig die Chance, empfohlen und berufen zu werden. Gleichzeitig werden die einzelnen, bereits in die Organisationen integrierten (raren) Wissenschaftlerinnen aufgrund ihrer Seltenheit sichtbarer, was zu vermehrten Berufungen der Einzelnen in mehrere Gremien gleichzeitig führen kann. Es ist anzunehmen, dass der Raritätseffekt organisationsintern und durch aufgabenbezogene wie informelle Netzwerke vermittelt auch organisationsübergreifend also in dem Machtfeld zwischen Wissenschaft und Politik wirkt. Im Endeffekt aber lässt der Raritätseffekt das symbolische Kapital bei der Frauengruppe nur langsam in die Breite wachsen, während es am ‚männlichen Pol' des wissenschaftlichen Feldes kumulieren kann.[39]

Betrachten wir vor dem Hintergrund des Raritätseffekts abschließend die relativ hohe Gewichtung des Faktors *Kompetenz*. Sie wird von Männern und Frauen als Inklusionsvoraussetzung mehrheitlich und in etwa gleich stark mit hohem Einfluss bewertet. Relativ übereinstimmend geben die Befragten damit gleichzeitig dem Statement die Zustimmung, dass nicht ausreichend Wissenschaftlerinnen mit dem entsprechenden wissenschaftspolitischen Sachverstand und Überblick zur Verfügung stünden. Gemeinsame, von den befragten Frauen und Männern geteilte Zustimmung findet der Faktor *Geschlechterrollen*. Die beiden letzten Statements unterstreichen, dass die für das wissenschaftliche Feld spezifische Logik auf zweigeschlechtlich strukturierten Wahrnehmungsschemata aufbauend, Frauen- und Männer-‚rollen' hierarchisierend bewertet.

Wie Vester/ Gardemin (2001: 472) für die Logik von „Milieustrukturen" feststellen, können in einem sozialen Feld (bzw. Milieu) unterschiedliche oder gar diskrepante Wahrnehmungs- und Bewertungsschemata koexistieren. Interessant ist es zu sehen, wie (auch entlang der Geschlechtszugehörigkeit) voneinander abweichende Wahrnehmungs- und Bewertungsschemata so koexistieren, dass die Akteur/innen eines Feldes gleichzeitig (wieder) Übereinstimmungen in so genannten feld- bzw. milieuspezifischen Kernfragen erzielen.

3.2 Grenzziehungen

Waren die Befragten bei den Einschätzungen des Einflusses bestimmter Rekrutierungs- und Diskriminierungsfaktoren für die Zuschreibung von Anerkennung (implizit) aufgefordert, eine bewusst zweigeschlechtliche Sicht einzunehmen, so war es ihnen bei der im Folgenden dargestellten Frage nach allgemeinen Auswahlkriterien von Expert/innen möglich, einen geschlechtsneutralen Blick auf die beobachtete wie auf die eigene Rekrutierungspraxis zu werfen.[40]

---

39 Zum Raritätseffekt vgl. Zimmermann 2000 sowie zur subtil wirkenden „symbolischen Gewalt" (Bourdieu) in der sozialen Praxis der Expert/innenrekrutierung vgl. Zimmermann 2002; zum „Mathildaeffekt" in Anlehnung an den „Matthäuseffekt" bei Merton vgl. Rossiter 1993.
40 Die Frage lautet: Bitte nennen Sie die Auswahlkriterien, die Sie als Wissenschaftler/in anlegen

Einschätzung des Stellenwertes ‚wissenschaftlicher' Auswahlkriterien	Mir ist wichtig:	
	Frauen (abs. u. %)	Männer (abs. u. %)
Generalist/in: Der Ruf, als Wissenschaftler/in über das eigene Fachgebiet hinausgehend urteilen zu können	15 = 83,3%	58 = 92,1%
Kommunikation: Kommunikative und soziale Kompetenzen	13 = 72,2%	56 = 88,9%
Reputation: Hohe Reputation/ wissenschaftliches Prestige als Wissenschaftler/in eines spezifischen Faches	15 = 83,3%	54 = 85,7%
Integrität: Politische, moralische Integrität der Person	13 = 72,2%	50 = 79,4%
Praxis: Praxisnähe an der Schnittstelle zwischen Hochschule/ Forschung und Wirtschaft/ Gesellschaft	9 = 50,0%	47 = 74,6%
Gutachten: Gutachtung für wissenschaftliche Programme	10 = 55,6%	46 = 73,0%
Wissen: Expertenwissen im Umgang mit wissenschaftlichen und politischen Institutionen/ Organisationen des Feldes	11 = 61,1%	45 = 71,4%
Position: Führungsposition in Hochschulen, Forschungs- bzw. Wissenschaftsorganisationen	4 = 22,2%	42 = 66,7%
Macht: Durchsetzungsfähigkeit und Machtwille	5 = 27,8%	19 = 30,2%
Quote: Berücksichtigung geschlechtsbezogener Anteile bei Zusammensetzung	7 = 38,9%	13 = 20,6%
Gender: Expertenwissen im Umgang mit Geschlechterfragen (Genderkompetenz)	9 = 50,0%	13 = 20,6%
Kennen: Persönliche Bekanntschaft	1 = 5,6%	13 = 20,6%
Öffentlichkeit: Engagement in Organisationen des ‚öffentlichen Lebens' (z.B. Kirche, Gewerkschaften, Rundfunkrat)	4 = 22,2%	11 = 17,5%
Ost-West: Berücksichtigung der Ost-West-Quote bei der Zusammensetzung eines Gremiums	7 = 38,9%	8 = 12,7%
Medien: Öffentlicher Bekanntheitsgrad (Medienpräsenz)	0 = 0,0%	8 = 12,7%
Politik: Beachtung politischer Machtkonstellationen (parteipolitische Proporze)	1 = 5,6%	2 = 3,2%

würden, wenn sie Expert/innengremien einberufen. Grau hinterlegte Felder beinhalten Prozentangaben ab 50 %. Als Antwortkategorien im Fragebogen ist eine Vierer-Skala (von unwichtig bis sehr wichtig) vorgegeben. Bei der Auswertung wurde sie in eine Zweierskala (wichtig und unwichtig) zusammengefasst. Die Tabelle beinhaltet die Werte für die Kategorie wichtig nach Männern und Frauen getrennt, folgt aber der Häufigkeit der Nennungen bei den Männern. Die Prozentanteile sind auf die männliche Grundgesamtheit (N = 63), weibliche (N = 18) bezogen.

Dass dieser Blickwinkel nur vermeintlich geschlechtsneutral ist, zeigen insbesondere die widersprüchlichen Gewichtungen des Kriteriums *Reputation* bei der Zuschreibung von Anerkennung (im vorangegangenen Kapitel) und den hier dargestellten Auswahlkriterien. Wird der Reputation bei der Zuschreibung von Anerkennung von den Männern ein relativ geringer Einfluss als Diskriminierungsfaktor zugeschrieben, erhält dieser Faktor als ein wissenschaftliches Auswahlkriterium – wie der folgenden grafischen Veranschaulichung zu entnehmen ist – nun bei Frauen und Männern mit einer Bewertung von jeweils über 80 % eine gleich hohe, herausragende Gewichtung.

**Einschätzung des Stellenwertes
‚wissenschaftlicher' Auswahlkriterien**

Schnittlinie über 50% = "wichtig", unter 50% "unwichtig"

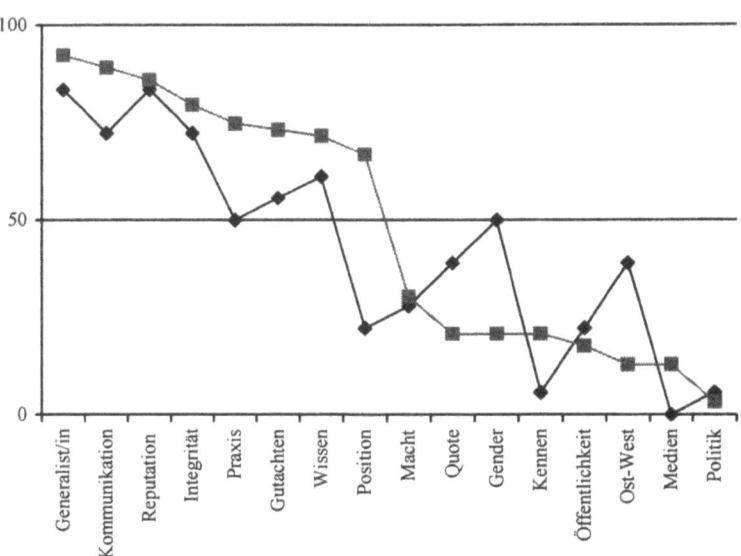

Anhand der Grafik zeigt sich, dass insgesamt die von den Experten und Expertinnen weitgehend geteilten Einschätzungen überwiegen. Mehrheitlich werden Kriterien als besonders wichtig (z.B. die Kriterien *Generalist/in, Kommunikation, Reputation*) oder als besonders unwichtig eingestuft (z.B. die Kriterien *Politik, Medien*). Während es relativ große Unterschiede bei den Gewichtungen einzelner Auswahlkriterien zwischen Männern und Frauen in einigen Punkten gibt (*Praxis, Position, Quote, Gender* und *Ost-West*), werden in den Bewertungen, die die Befragten insgesamt vorgenommen haben, Grenzziehungen erkennbar. Die wichtigste verläuft entlang der Einstufung der Auswahlkriterien als wissenschaftsinterne oder als wissenschaftsexterne Anforderungen. Hier werden Übereinstimmungen in bestimmten feld- bzw. milieuspezifischen Kernfragen sichtbar.

Diese Interpretation der von den Befragten vorgenommenen Einschätzungen zur Relevanz verschiedener individueller und kollektiver Auswahlkriterien als Grenzziehungen zwischen dem, was zur Wissenschaft gehört (innen) und dem, was in diesem sozialen Feld als nicht zugehörig (außen) eingestuft wird, gilt es genauer zu erläutern.

In der Grafik sind zwei horizontal voneinander unterschiedene Bereiche dargestellt: Die Schnittlinie markiert die als wichtig (mit Werten über 50 %) bzw. unwichtig (mit Werten unter 50 %) eingestuften Auswahlkriterien. Je weiter links im oberen Bereich der Rangskala die Kriterien liegen (von *Generalist/in* bis *Wissen* bzw. *Position*), umso stärker werden sie von den befragten Professorinnen und Professoren als wissenschaftsinterne Auswahlkriterien geteilt. Je weiter rechts und im unteren Bereich ein Auswahlkriterium liegt (von *Position* bzw. *Macht* bis *Politik*), desto mehr wird es als ein wissenschaftsexternes Auswahlkriterium eingestuft, als eine von Außen herangetragene bzw. fremdbestimmte Anforderung. Auffallend für den oberen linken Bereich des feldinternen Segments ist, dass von den Professor/innen diejenigen Anerkennungskriterien das größte Gewicht und im Wesentlichen einhellige Zustimmung erhalten, die Exzellenz und Einzigartigkeit der (individuellen) Wissenschaftler/innen hervorheben. Solche Kriterien sind der Ruf der/s mit universellem Wissen (*Wissen*) und einem generellen Urteilsvermögen ausgestatteten Wissenschaftlers/in (*Generalist/in*) mit hoher kommunikativer und sozialer Kompetenz (*Kommunikation*), *Reputation* und *Integrität* der Person etc. Bei der Einschätzung des Stellenwerts von Machtpositionen (*Position*) sowie der individuellen Durchsetzungsfähigkeit und dem Machtwillen (*Macht*) als (Qualitäts)Kriterien für die Rekrutierung wissenschaftlicher Expert/innen endet der innerwissenschaftliche Kernbereich. Die Grenzziehung wird daran deutlich, dass die folgenden Auswahlkriterien in der Grafik bei der Gewichtung z.T. erheblich unter 50% absinken.

Diese Grenzziehung bzw. Grenzüberschreitung erfolgt erstmalig bei dem Auswahl- bzw. Entscheidungskriterium *Position*, das heißt bei der Einschätzung, wie wichtig es sei, ob jemand Führungspositionen in Hochschulen, Forschungs- bzw. Wissenschaftsorganisationen bekleidet und damit über universitäre bzw. wissenschaftliche Macht im oben ein- und ausgeführten Sinn verfügt. Bei diesem Faktor besteht der größte Unterschied zwischen den Einschätzungen der befragten Frauen und Männer. Während die Männer dieses Kriterium mit fast 70 % Zustimmung dem wissenschaftsinternen Feld zuordnen, wird es von den Frauen mit nur etwas über 20 % als wichtig und damit als wissenschaftsextern eingestuft.

Neben diesen Einschätzungen zum Stellenwert von Machtpositionen divergiert die Einschätzung der Bedeutung der Genderkompetenz, definiert als besonderes Expert/innenwissen im Umgang mit Geschlechterfragen (*Gender*), zwischen Männern und Frauen mit am stärksten. Wie (in der Grafik) ersichtlich wird, liegt das Kriterium *Gender* in der Gewichtung der Experten bereits deutlich im wissenschaftsexternen Bereich und wird (mit 20,6 %) als unwichtig eingestuft, während die Expertinnen die Genderkompetenz (mit 50 %) gerade noch als ein feldinternes Auswahl- und Anerkennungskriterium einstufen.

Deutlich wird der geringe Stellenwert, den die Männer dem Wissen im Umgang mit Geschlechterfragen als Qualitätskriterium zuschreiben *(Gender)*, während sie die Qualitäten, die aus Repräsentations- und Führungspositionen in der Wissenschaft resultieren *(Position)* höher einstufen. Bemerkenswert ist, dass es sich mit den Bewertungen der beiden Kriterien durch die Frauen umgekehrt verhält. Gegenüber Führungs- und Leitungsqualitäten aufgrund von Machtpositionen bewerten sie Wissen im Bereich von Gender (Genderkompetenz) höher. Es ist davon auszugehen, dass die Gewichtung, wie sie die männliche Vergleichsgruppe vorgenommen hat, näher an der (gegenwärtigen) milieu- bzw. feldspezifischen Realität liegt. Die Höhergewichtung des Genderkriteriums durch die Frauen ist Hinweis auf eine geschlechterdifferierende Wahrnehmung und lässt sich so verstehen, dass es für sie selbstverständlich(er) ist, Wissen und Kompetenzen im Bereich von Gender als Qualitätskriterium zu berücksichtigen bzw. es für wünschenswert hielten, wenn sich die Kriterien in diese Richtung veränderten.

Neben diesen zwischen Männern und Frauen differierenden Bewertungen überwiegen insgesamt die gemeinsam geteilten Einschätzungen der für die Befragten wichtigen Auswahl- und Qualitätskriterien.

In den gemeinsam geteilten wissenschaftsexternen Kernbereich (rechts unten in der Grafik mit Werten unter 50 %) fallen das zivilgesellschaftliche Engagement z.B. in Organisationen des öffentlichen Lebens (*Öffentlichkeit*), ein gewisser öffentlicher Bekanntheitsgrad, dokumentiert durch Medienpräsenz (*Medien*) sowie die Einschätzung, dass die Beachtung politischer Machtkonstellationen und Proporze (*Politik*) in den Augen der Expert/innen als Auswahlkriterien keine Rolle spielen (sollte). Demnach wird hier die Grenze des wissenschaftlichen Feldes zur Öffentlichkeit und zur Politik markiert. Die von Männern und Frauen gemeinsam als extern gewerteten Kriterien beinhalten aber dennoch z.T. erheblich unterschiedliche Einschätzungen in diesem Bereich. Diese Abweichungen lassen z.B. die Schlussfolgerung zu, dass die Professorinnen sozialen Kriterien wie der *Ost-West-* und der so genannten *Frauen-Quote* offener gegenüberstehen als die Professorengruppe.

Das ebenfalls in dem externen Feldsegment verortete Auswahlkriterium *Kennen*, welches in seiner Bedeutung von den Expertinnen noch geringer eingeschätzt wird als von den Experten, spielt auf Kriterien an, die gemeinhin nicht der Öffentlichkeit zugerechnet werden. Es betrifft die sozialen Beziehungen unter Wissenschaftler/innen: die Netzwerke in der Wissenschaft. Dass es gerade die sozialen Beziehungen sind, die Externalisierungen unterliegen, wurde im vorherigen Abschnitt zu den Diskriminierungsfaktoren bereits dargelegt. Innerhalb des wissenschaftsinternen Akzeptanzraumes liegt das Persönliche (nur), wenn es mit der „wissenschaftlichen Persönlichkeit" (Engler 2001) verbunden werden kann, die als einzigartig und exzellent (ausschließlich) aufgrund eigener Leistung vorgestellt wird.

Anknüpfend an die Konstruktion des Machtraums der wissenschaftspolitischen Steuerung (vgl. I.4.) markiert das Feldsegment, in dem (in der Grafik) die wissenschaftsfeldexternen Kriterien eingetragen sind, Anschluss- bzw. Schnittstellen des wissenschaftlichen zu anderen Teilfeldern (wie Ökonomie, Öffentlichkeit, Politik etc.) des gesamtgesellschaftlichen Machtfeldes. Auf der Basis der spezifischen, eingangs erwähnten Arbeitsteilungsstrukturen zwischen Wissenschaft und Politik agieren an der markierten Schnittstelle (auch) die Akteur/innen des politischen Feldes. Sie machen die Professor/innen (mit) zu dem, als was sie hier befragt werden: zu hochschul- und wissenschaftspolitischen Expert/innen. Indem die Politiker/innen die Wissenschaftler/innen als politikberatende Expert/innen berufen, sind sie an den feld- und organisationsübergreifenden Prozessen der Zuschreibung von Anerkennung und damit an der Definition der Kriterien für die Zugehörigkeit zu wissenschaftlichen Eliten unmittelbar beteiligt.

Deshalb soll hier zum Abschluss noch auf die Frage eingegangen werden, welchen Stellenwert nach Meinung unserer Untersuchungsgruppe die Politiker/innen den genannten Auswahlkriterien bei der Zusammensetzung von Expertengremien zuschreiben.[41]

---

41 Welche Kriterien Politiker/innen ‚tatsächlich' anwenden, kann damit nicht beantwortet werden.

In der folgenden Tabelle sind in der ersten Spalte die Werte bezogen auf die Frage ‚Mir als Wissenschaftler/in ist als Auswahlkriterium wichtig' für alle Befragten ohne Unterscheidung von Männern und Frauen zusammengefasst, und der Einschätzung, welche Kriterien Politiker/innen – aus der Perspektive der befragten Wissenschaftler/innen (‚für Politiker/innen ist m.E. als Auswahlkriterium wichtig') – anwenden, gegenübergestellt.

Einschätzung des Stellenwertes ‚politischer' Auswahlkriterien	Wissenschaft (abs. u. %)	Politik (abs. u. %)
Generalist/in: Der Ruf, als Wissenschaftler/in über das eigene Fachgebiet hinausgehend urteilen zu können	73 = 90,1%	52 = 64,2%
Kommunikation: Kommunikations-, Sozialkompetenzen	69 = 85,2%	55 = 67,9%
Reputation: Hohe Reputation/ wissenschaftliches Prestige als Wissenschaftler/in eines spezifischen Faches	69 = 85,2%	53 = 65,4%
Integrität: Politische, moralische Integrität der Person	63 = 77,8%	44 = 54,3%
Praxis: Praxisnähe an der Schnittstelle zwischen Hochschule/ Forschung und Wirtschaft/ Gesellschaft	56 = 69,1%	54 = 66,7%
Gutachten: Gutachter/in für wissenschaftliche Programme	56 = 69,1%	40 = 49,4%
Wissen: Expertenwissen im Umgang mit wissenschaftlichen, politischen Institutionen/ Organisationen des Feldes	56 = 69,1%	56 = 69,1%
Position: Führungsposition in Hochschulen, Forschungs- bzw. Wissenschaftsorganisationen	46 = 56,8%	52 = 64,2%
Macht: Durchsetzungsfähigkeit und Machtwille	24 = 29,6%	58 = 59,3%
Gender: Expertenwissen im Umgang mit Geschlechterfragen (Genderkompetenz)	22 = 27,2%	34 = 42,0%
Quote: Berücksichtigung geschlechtsbezogener Anteile bei der Zusammensetzung	20 = 24,7%	42 = 51,9%
Öffentlichkeit: Engagement in Organisationen des ‚öffentlichen Lebens' (z.B. Kirche, Gewerkschaften, Rundfunkrat)	15 = 18,5%	57 = 70,4%
Ost-West: Berücksichtigung der Ost-West-Quote bei der Zusammensetzung eines Gremiums	15 = 18,5%	45 = 55,6%
Kennen: Persönliche Bekanntschaft	14 = 17,3%	51 = 63,0%
Medien: Öffentlicher Bekanntheitsgrad (Medienpräsenz)	8 = 9,9%	60 = 74,1%
Politik: Beachtung politischer Machtkonstellationen (parteipolitische Proporze)	3 = 3,7%	52 = 64,2%

Werden die Prozentwerte in die folgende Grafik übertragen, wird deutlich, dass die Wissenschaftler/innen meinen, dass Politiker/innen bei der Anwendung der Kriterien weit weniger differenzierend verfahren als sie selbst.

**Einschätzung des Stellenwertes
‚politischer' Auswahlkriterien**

Aus Sicht von Wissenschaftler/innen (Wissenschaft) und nach deren
Meinung aus Sicht von Politiker/innen (Politik)
Schnittstelle über 50% = "wichtig", unter 50% "unwichtig"

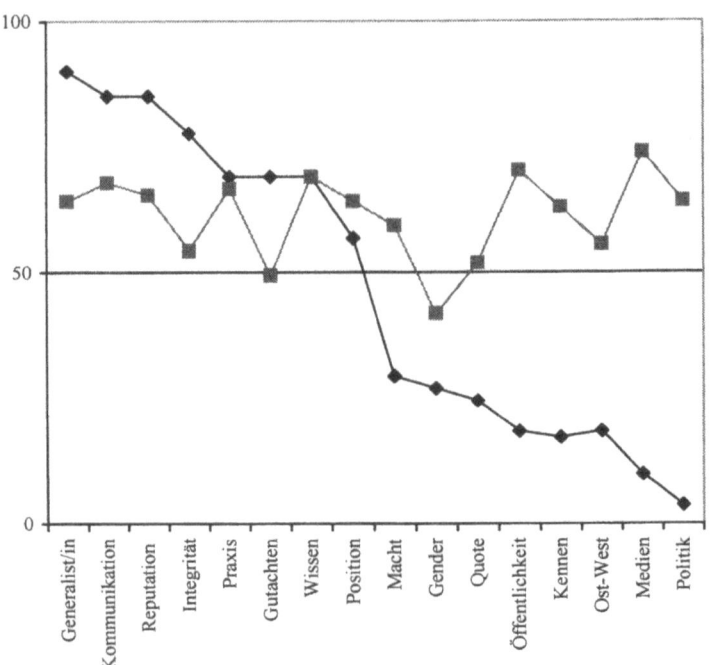

Fast alle Prozentwerte bezogen auf das Statement ‚für Politiker/innen ist m.E. als Auswahlkriterium wichtig' liegen in dem Bereich von über 50 % (die einzige Ausnahme bildet das Kriterium Gender mit 42 %).[42]

Anknüpfend an die oben vorgenommene Unterteilung in ein wissenschaftsinternes Feldsegment (die Kriterien links in der Grafik und oberhalb der 50%-Marke) und in ein externes Feldsegment (die Kriterien der rechten Seite), ist diese Grafik so zu interpretieren, dass die Expert/innen aus der Wissenschaft vermuten, dass Politiker/innen die feld- bzw. milieuspezifischen wissenschaftsinternen Kriterien mit ihnen teilen.

Den persönlichen, sozialen und politischen Selektionskriterien (von *Macht* bis *Politik*), wird in den Augen der Expert/innen aus der Wissenschaft jedoch von Politiker/innen ein z.T. sehr viel höherer Stellenwert zugeschrieben. Es handelt sich hier um all diejenigen Kriterien, die aus der Sicht der befragten Expert/innen im Inneren des wissenschaftlichen Feldes nicht als Qualitätskriterien anerkannt sind bzw. sein soll(t)en. Dies betrifft vor allem die Beachtung parteipolitischer Proporze (*Politik*) sowie die Kriterien, dass die ausgewählten Expert/innen in den *Medien* präsent sind, zivilgesellschaftliches Engagement (*Öffentlichkeit*) nachweisen oder den Politiker/innen auch persönlich bekannt sein sollten (*Kennen*) etc., um als Experte bzw. Expertin berufen zu werden.

Deutlich hieran wird insgesamt, dass es seitens der Wissenschaftler/innen das Bedürfnis gibt, sich gegen (solche) Einflüsse aus dem politischen Feld abzugrenzen. Gleichzeitig gibt es einen (in der obigen Grafik) von *Generalist/in* bis *Position* reichenden Kriterienkatalog, der eine auch über das wissenschaftliche Feld im engeren Sinne hinausreichende Akzeptanz findet. Diesen gemeinsamen, von Wissenschaft und Politik geteilten Raum muss es auch geben, denn sonst wäre ein Zusammenwirken an dem Schnittpunkt zwischen wissenschaftlichem und politischem Feld unmöglich.

Damit ist die Frage nach dem Verhältnis von Autonomie und Abhängigkeit des wissenschaftlichen vom politischen Feld berührt.

Wie sich dieses Verhältnis darstellt, wird im folgenden Abschnitt weiter ausgeleuchtet, auch anhand von Einschätzungen der Befragten dazu, wie sie den Status quo bewerten und welche Veränderungsvorstellungen sie haben (vgl. insbes. II.4.3).

---

42 Die Antwortbereitschaft bei dieser Frage fiel deutlich geringer aus als bei der Frage ‚mir als Wissenschaftlerin ist wichtig'.

4. Wissenschaftseliten

4.1   Zwischen Wissenschaft und Politik

Die bisherigen Ergebnisse, insbesondere die zu den Grenzziehungen zwischen einer wissenschaftlichen Innenseite und einer sozialen, respektive politischen Außenseite des wissenschaftlichen Feldes scheinen in das in der Elitenforschung gebräuchliche dichotome Klassifikationsschema zu passen: Wissenschaft gehorcht dem Medium der (persönlich zurechenbaren) Leistung, während Politik über Macht und politischen Einfluss gesteuert wird. Diese in der Theorie (vgl. insbes. I.1.), aber auch in der sozialen Praxis des Feldes, wie die empirischen Ergebnisse zeigen, repräsentierten dichotomen Klassifikationen werden in der Untersuchung aufgegriffen (indem sie z.B. Eingang in die Konstruktion des Fragebogens gefunden haben), um zu sehen, wie die Dichotomien – respektive die Geschlechterdichotomie – Grundlagen für den Prozess der Konstruktion von wissenschaftlichen bzw. wissenschaftspolitischen Steuerungseliten werden.

Im Rahmen der Fragebogenerhebung waren die Expert/innen in der Politikberatung nach ihren Selbstzuordnungen zu einer wissenschaftlichen bzw. wissenschaftspolitischen Steuerungselite in der Bundesrepublik gefragt. Diese Selbstzuordnungen sind im Zusammenhang mit den Entscheidungsstrukturen im Machtfeld der wissenschaftspolitischen Steuerung zu bewerten.

Zwei diesbezügliche Fragen sind dafür in diesem Abschnitt zentral:

- Wie sehen die Expert/innen das Zusammenspiel von Wissenschaft und Politik bei wissenschaftspolitischen Entscheidungen und wie beurteilen sie den Einfluss der Wissenschaft? Welchen Veränderungsbedarf sehen sie hier?
- Welche Mittel halten sie für notwendig oder angemessen, um die asymmetrische Partizipation von Männern und Frauen an den wissenschafts-/ forschungspolitischen Entscheidungen zu verändern?

Die Stellungnahmen zur Entscheidungsstrukturierung des Machtfeldes sowie zum Veränderungsbedarf sind auch in Abhängigkeit von den parteipolitischen Grundorientierungen und den von den Expert/innen in Parteien und Parlamenten eingenommenen Positionen zu bewerten. Somit geht es in diesem Abschnitt im Anschluss an die verschiedenen Formen des kulturellen Kapitals der Professor/innen (vgl. II.2.) auch um die Frage, wie sich das *politisch-ökonomische Kapital* innerhalb der untersuchten Gruppe wissenschaftlicher Expert/innen verteilt.

Um den Zwischenraum zwischen Wissenschaft und Politik und damit auch die Schnittstellen für Cross-over-Positionen bei den mündlich befragten Expertinnen in den beiden gesellschaftlichen Feldern weiter auszuloten, waren die Expert/innen für die Politikberatung im Rahmen der Fragebogenerhebung auch aufgefordert zu ihrem Selbstverständnis als Fachwissenschaftler/in Stellung zu nehmen. Wie weit neigt sich dieses Selbstbild in Richtung einer/s Wissenschaftsmanager/in? Und wie nahe oder fern stehen sie dem Bild des/r Wissenschaftspolitiker/in?[43]

Als Gemeinsamkeit bei den Selbstverortungen der Professoren und der Professorinnen ergibt sich, dass beide Gruppen ihre Position im sozialen Raum in einer relativen Ferne zur Wissenschaftspolitik verorten und ihnen die Selbstsicht als Wissenschaftsmanager/in näher liegt; ein Ergebnis, das mit den Aussagen der zusätzlich mündlich befragten Wissenschaftlerinnen korrespondiert (vgl. III.4.2). Allerdings positionieren sich die befragten Expertinnen mit 61,1 % deutlich stärker in einer relativen *Ferne zur Wissenschaftspolitik* als die befragten Experten mit einem Wert von 47,5 %.

Vor dem Hintergrund dieses Ergebnisses der relativen Distanz zur Wissenschaftspolitik (aufgrund der Selbstbilder), fällt die Frage, wie die Untersuchungsgruppe (aufgrund politischer Aktivitäten) im politischen Feld verankert ist, erwartungsgemäß aus: Zur Repräsentation im politischen Feld (Parteien, Parlamente) zeigt sich, dass sie dort nur schwach verankert ist. 80,2 % (65 Personen) antwortet bei den Fragen nach Aktivitäten in der Politik mit einem Nein.[44] Demgegenüber können im Ergebnis 16 % (13 Befragte) als politisch aktiv bezeichnet werden. Darunter sind neun Professoren und vier Professorinnen. Diese Gruppe aus 13 Personen nennt insgesamt 26 Positionen im politischen Feld, wovon 20 Positionen von Professoren und sechs von Professorinnen genannt werden. Als politisch aktiv lassen sich mit Einschränkungen auch die Frauen charakterisieren, die als Cross-over-Expertinnen mündlich befragt wurden (vgl. III.).

In Anlehnung an den Positionsansatz in der Elitenforschung (vgl. Hoffmann-Lange 1992, Bürklin/ Rebenstorf et al. 1997) wird (im Fragebogen) nach Parlamentsmandaten und nach Ämtern wie Mitgliedschaften in Parlamentsausschüssen oder dem Fraktionsvorsitz etc. gefragt und danach, ob jemand einmal Minister/in bzw. als Kandidat/in für ein solches Amt vorgesehen war.

---

43 Einmal sollten die Befragten sich als Wissenschaftler/in auf einer Skala (von +1 bis +7) zwischen dem Selbstbild als Wissenschaftler/in (Wissenschaft) und Wissenschaftsmanagement verorten und zum anderen auf einer Skala (von +1 bis +7) zwischen Wissenschaft und Wissenschaftspolitik.

44 Zu der Frage, inwieweit in den Nein-Antworten auch Auskunftsverweigerungen enthalten sind, kann auf Basis des Datenmaterials keine Aussage getroffen werden.

Es stellt sich heraus, dass nur die Mitgliedschaft in *Parteivorständen* auf allen regionalen Ebenen (Bund, Land und Bezirk bzw. Kommune) zu finden ist, während alle in der folgenden Grafik verzeichneten Positionen *in Parlamenten* (*Mandate und Ämter*) unterhalb der Bundesebene (DDR-Volkskammer, Deutscher Bundestag) liegen. Am häufigsten werden Landes- und Kommunalparlamente (Stadt/ Gemeinde) genannt. Drei Experten sowie eine Expertin waren *Landesminister/in* (für das Wissenschaftsressort) bzw. als Kandidat/in für dieses Amt vorgesehen.

Die insgesamt 26 Positionen im politischen Feld verteilen sich auf die 9 politisch aktiven Professoren und 4 Professorinnen wie folgt:

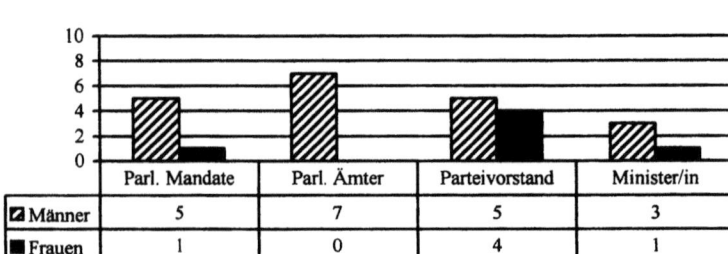

Positionen im politischen Feld (abs.)

	Parl. Mandate	Parl. Ämter	Parteivorstand	Minister/in
Männer	5	7	5	3
Frauen	1	0	4	1

Es wird deutlich, dass die befragten Experten häufiger in *parlamentarischen Ämtern und Funktionen* zu finden sind als die Expertinnen. Letztere nennen bei den Positionen im politischen Feld überwiegend die Mitgliedschaft in *Parteivorständen*: Je eine Position auf der Bundes- und Bezirks-/ Kreisebene sowie zwei Positionen auf der kommunalen Ebene.[45] Kombinationen zwischen den Positionen gibt es bei den Professorinnen in zwei (von vier) Fällen: Eine Expertin ist Abgeordnete im Kommunalparlament und im Parteivorstand auf derselben Ebene vertreten. Eine zweite Professorin ist Mitglied des Bundesvorstandes einer Partei und Landeswissenschaftsministerin (gewesen).

---

45 Bei den Professoren waren drei Wissenschaftsminister eines Bundeslandes. In Parteivorständen waren zwei, einer davon im Landesvorstand und ein weiterer in Parteivorständen aller regionalen Parteigliederungen.

Bei insgesamt schwacher politischer Repräsentation der Gruppe, nur 16% können als Akteur/innen des politischen Feldes klassifiziert werden, wird (im Fragebogen) auch nach den politischen Grundorientierungen entlang des Parteienspektrums in der Bundesrepublik (mit der Möglichkeit von Mehrfachantworten) gefragt. Während das Spektrum der parteipolitischen Grundorientierungen bei den Frauen von sozialdemokratisch nach gelb/ grün tendiert, geht es bei den Männern von sozialdemokratisch in Richtung FDP/ Union.

Inwieweit Links-Rechts-Klassifikationen speziell in hochschul- und wissenschaftspolitischen Fragen (noch) treffen und inwieweit es eine Rolle spielt, dass im hochschulpolitischen Diskurs der 1990er Jahre kaum Unterschiede zwischen den Parteien festzustellen sind (hierzu vgl. Pasternack 1998), ist hier nicht zu problematisieren.

Die Ergebnisse zu den im politischen Feld eingenommenen Positionen zusammenfassend, ist für die Untersuchungsgruppe festzuhalten, dass die Gruppe der Frauen politisch aktiver erscheint als die der Männer, wenn ca. 22 % aus der weiblichen Genusgruppe (vier von 18) und ca. 14 % (neun von 63) aus der männlichen Gruppe in der Politik (Parlamente und Parteien) tätig sind bzw. waren.

Das Ergebnis, dass insgesamt 16 % (13 Personen mit 26 Positionen von 81 Befragten) auch in Parteien politisch aktiv und in Parlamenten vertreten ist, deutet auf keine sehr ausgeprägte politische Repräsentanz der hier untersuchten Gruppe wissenschaftlicher Expert/innen hin. Eher stützt dieses Ergebnis den Befund zu den Selbstverständnissen (zwischen Wissenschaftler/in, Wissenschaftsmanager/in und Wissenschaftspolitiker/in), bei dem eine relative Ferne zur Politik zu konstatieren war.

4.2 Selbstzuordnungen und Abgrenzungen von ‚Elite'

Wie fallen vor diesem Hintergrund relativer Politikferne die Selbstzuordnungen der Befragten zu einer wissenschaftlichen bzw. wissenschaftspolitischen Steuerungselite in der Bundesrepublik aus?[46]

---

46 Die Selbstzuordnungen zur Steuerungselite sind nach Männern und Frauen in Prozentangaben auf die jeweilige Genusgruppe berechnet (Männer: N = 63 = 100%; Frauen = 18 = 100%).

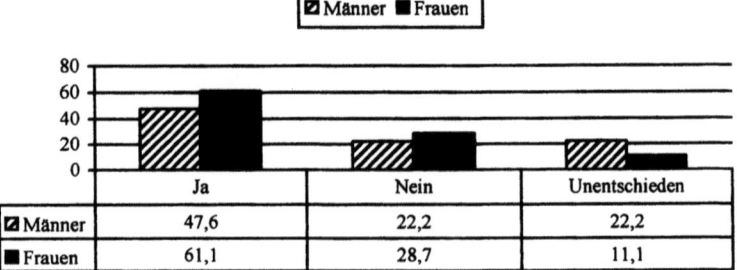

Selbstzuordnung und Abgrenzung von ‚Elite' (in %)

	Ja	Nein	Unentschieden
Männer	47,6	22,2	22,2
Frauen	61,1	28,7	11,1

Ungefähr die Hälfte aller Expert/innen (50,6 % = 41 Personen) beantwortet die Frage nach der Selbstzurechnung zu einer Steuerungselite mit einem Ja. Unentschieden sind ca. 20 % (16 Personen) und 23 % (19 Personen) antworten mit einem Nein.[47] Wie die Prozentanteile in der Grafik zeigen, ist die Gruppe der Expertinnen mit über 60 % (11 von 18) bereit, sich einer wissenschaftlichen bzw. wissenschaftspolitischen Steuerungselite zuzurechnen. Die Ja-Antworten der männlichen Vergleichsgruppe liegen unterhalb der 50 %-Marke (30 von 63).[48]

Dabei trifft die überwiegende Mehrheit der Befragten die Entscheidung für oder gegen die Selbstzuordnung zu einer Steuerungselite in Abhängigkeit von zwei Faktoren:

- der Mitgliedschaft in verschiedenen Organisationen und Beratungsgremien des Machtfeldes (Wissenschaftsrat, Deutsche Forschungsgemeinschaft, Hochschulstrukturkommissionen der Bundesländer etc.)
- sowie in Abhängigkeit von Tätigkeiten als Gutachter/innen, bzw. der Häufigkeit, mit der Expertisen bei ihnen nachgefragt werden. Die Antworten der Expertinnen unterscheiden sich hier nicht von den Antworten der Experten.

---

47 Weitere fünf Befragte ordnen sich nicht zu und machen daher keine Angaben.
48 Eine Besonderheit mit Schwierigkeiten bei der Zuordnung beinhaltet die ostdeutsche Herkunft. Bei relativer Unterrepräsentanz dieser Gruppe innerhalb der Befragung insgesamt, wird der verwehrte Aufstieg z.B. an folgenden Aussagen deutlich: „weil ich nur von 1992 an kurze Zeit beteiligt war, durchaus unvorbereitet"; „da ich (...) an einem Institut der Akademie (Ost) tätig war"; „weil ich dazu nur noch bedingt Gelegenheit hatte" [DDR, emeritiert 1999].

Wie der unten stehenden Übersicht über die Selbstzuordnungen, aufgeschlüsselt nach Ja-, Nein- und Unentschieden-Antworten, detailliert entnommen werden kann, ergibt sich insgesamt eine Merkmalskombination, die zu einem ausschlaggebenden Zuordnungskriterium wird. Die Merkmalskombination setzt sich zusammen aus der Einnahme von Machtpositionen in (mehreren) einflussreichen Organisationen des Feldes, der Partizipation am relevanten Strategiediskurs und der Präsenz in den dafür wichtigen Elitennetzwerken. Sie vermittelt den Akteur/innen, dass sie über eine gewisse Macht- und Entscheidungskompetenz verfügen bzw. an ihr partizipieren.

Dabei besteht das wichtigste Zuordnungskriterium in der Position. Hinzu kommt der Einfluss. Er wird, wie sich der Übersicht entnehmen lässt, als nicht immer gegeben betrachtet und kann zum Kriterium der Nichtzuordnung werden. Wer nicht in ausreichendem Maße darüber verfügt, wie es in den Nein- und Unentschieden-Antworten zum Ausdruck kommt, fühlt sich bei hohem und z.T. als vergeblich eingeschätzten Arbeitsaufwand in seinem „Gesamteinfluss" und seiner Durchsetzungsfähigkeit beschränkt und neigt dazu, sich nicht der Steuerungselite zurechnen oder am äußeren Rand zu verbleiben.

Besondere Persönlichkeitsmerkmale wie Generalist/in, Kommunikation, Integrität und Reputation, die sich bei den Kriterien für die Anerkennung im wissenschaftlichen Feld als zentral herausstellen (vgl. II.3.1), werden nur in einigen Fällen genannt. Das kann bedeuten, dass sie als ‚Schlüsselqualifikationen' der wissenschaftlichen Persönlichkeit unterstellt, und daher bei den Selbstzuordnungen zur Steuerungselite nicht explizit benannt werden (müssen).

Neben den vorherrschenden Kriterien der Machtposition und des Einflusses, insbesondere in der Form der Nachfrage nach Expertisen, ist in einigen Fällen die größere Nähe zu Positionen des politischen Feldes oder der endgültige Wechsel von der Wissenschaft in die Politik, als „Berufspolitiker", ausschlaggebendes Zuordnungskriterium. Daneben finden sich Abgrenzungen zum (Begriff des) Intellektuellen einerseits sowie zum Wissenschaftsmanager und Lobbyisten andererseits, während andere das Selbstverständnis und die Identität als Wissenschaftler/in auch gegenüber der wissenschaftspolitischen Beratungstätigkeit hervorheben. Nur in einem einzigen Fall wird ein elitäres Selbstverständnis betont und bejaht, während sich in mehreren Statements negativ besetzte Abgrenzungen vom Elitebegriff finden. Und in einigen Fällen werden demokratische Grundorientierung, Pflichtbewusstsein und Verantwortungsgefühl gegenüber Gesellschaft bzw. Wissenschaft als Kriterien der Elitenzuordnung besonders hervorgehoben.

Gründe für Selbstzuordnung und Abgrenzung von ‚Elite'
nach Ja-, Nein-, Unentschieden-Antworten
Ja-Antworten

- Weil ich als Rektorin auf Länder- und Bundesebene gelegentlich gehört werde.
- Weil ich in den meisten entsprechenden Gremien mitwirken konnte.
- Weil ich Mitglied des Wissenschaftsrates bin.
- Objektiv aufgrund der Position.
- Weil mehrfach in Leitungsämtern.
- Über die MPG, A. v. Humboldt-Stiftung, Europ. Math. Gesellschaft
- Einbindung als Dekan, Berater, etc.
- Leitungserfahrung in Hochschule und in überregionalen Gremien.
- Weil ich viele Jahre in solchen Gremien mitgearbeitet habe u.a. im Wissenschaftsrat.
- Weil ich als Präsident, Sprecher von Hochschulgruppen, Vorsitzender von wiss. Gesellschaften zu Entwicklungen um Stellungnahmen gebeten werde und mitwirke.
- Weil ich in zahlreichen, hier nur angedeuteten Funktionen der Selbstverwaltung, Begutachtung, Beratung, Verbände usw. mitwirken darf bzw. durfte und daher vieles mit geprägt habe.
- Ich verstand mich als Teil dieser Elite, weil mehrere Jahrzehnte Mitwirkung, sehr vielfältige Institutionen/ Tätigkeiten.
- SFB-Sprecher, Vors. des Wiss.-Rates, des Medizinausschusses und DFG-Fachausschuss, Mitglied mehrerer HSK, Forschungskommission (Bundesland) HSK, Vors. Kuratorium etc.
- Weil ich am Diskurs und seiner Strategie Anteil habe.
- Weil ich sehr viele entsprechende Aufgaben wahrzunehmen hatte.
- Weil ich die Forschungs-Landschaft mitgestalte.
- Weil ich über Kontakte verfüge und anerkannt bin, allerdings hält sich das alters- und geschlechtsbedingt in Grenzen.
- Weil durch Beratungstätigkeit sehr viel Kompetenz angesammelt wurde, die die Zusammenhänge für mich besser beurteilbar werden lässt.
- Weil mir die Zukunft der Wissenschaft in der BRD ein großes Anliegen ist – und weil ich etwas von und über Wissenschaft zu verstehen glaube
- Nachfrage nach Expertise.
- Meinung und Expertisen häufig nachgefragt.
- Weil ich Expertise aufgebaut habe, die gehört wird.

- Mehrjährige Expertise an der Schnittstelle Wissenschaft/ Politik, besonders intensiv in Zusammenhang mit Fusion der Universitätsstandorte.
- Weil ich als Fachwissenschaftler internationale Reputation habe und zur Neuorganisation der Wissenschaft in meiner Region beigetragen habe.
- Weil ich sachkompetent bin und Verhandlungsgeschick habe.
- Besondere Differenzierungs- und Entscheidungskapazität als versierter Jurist i.V.m. Selbstdistanz, Kommunikationsfähigkeit, Überzeugungskraft als ehemaliger Uni-Präsident.
- Weil ich im Rahmen politischer Aufträge bzw. Aufgaben tätig bin.
- National und international Kontakte zu Entscheidungsträgern.
- Weil ich in Wissenschaft und Politik Erfahrungen sammeln konnte und Einfluss habe.
- Weil ich durch Leitungstätigkeit Hochschule mitgestaltet, durch Beratungstätigkeit in anderen Bundesländern Strukturverständnis entwickelt habe u. heute als Wissenschaftspolitiker handele.
- Wenn Elite von eligere hergeleitet wird, und man eben aus vielen ausgewählt wird.

Unentschieden-Antworten

- Weil ich Mitglied von eher unbedeutenden Gremien bin, die Forschungsarbeiten von der wissenschaftlichen Fachöffentlichkeit nur bedingt gewürdigt werden.
- Weil die Steuerungsfunktion gering ist.
- Weil ich gelegentlich und auf das Forschungsgebiet bezogen als Gutachter die Politik beratend tätig bin, der Gesamteinfluss dadurch aber sehr begrenzt bleibt.
- Weil ich darin viel Arbeit investiert habe, aber die Wirkungen gering einschätze.
- Weil ich zwar wissenschaftliche Großprojekte initiiert und erfolgreich abgeschlossen habe, trotzdem das Gefühl habe letztlich bei wissenschaftspolitischen Entscheidungen nicht den angebrachten Einfluss zu haben.
- Weil ich manchmal Einfluss ausüben kann, oft aber auch wieder nicht.
- Vom Kenntnis- und Interessestand: ja, von der „Nachfrage": nein.
- Weil ich mich nicht 100%ig als Wissenschaftsmanager verstehe, mich fasziniert immer noch das Fach selbst.
- Weil ich noch zu wenig Erfahrung mit solchen Gremien habe und nicht bereit bin als Lobbyist von Fachverbänden aufzutreten.
- Weil ich nur punktuell bereit bin, mich zu engagieren, da mein eigentliches Interesse auf Seiten der Wissenschaft liegt.
- Der Elite-Begriff ist mehrdeutig!
- Elitebegriff zweifelhaft.

Nein-Antworten
• Kein einflussreiches leitendes Amt, ein Gesichtspunkt, der in Deutschland entscheidend ist.
• Weil ich politisch ohne Einfluss bin.
• Zu wenig Einfluss auf Entscheidungsprozesse.
• Zu kleines Licht.
• Weil ich inzwischen keine Einflussposition mehr habe (Alter).
• Weil ich an vielen Papieren mitgewirkt habe, die letztlich nicht realisiert wurden.
• Weil ich mich artikulieren kann, aber keine Durchsetzungsmöglichkeiten habe.
• Weil der Bereich, in dem ich arbeite, de facto (!) keine große Bedeutung hat.
• Weil ich unangebundener Intellektueller bin.
• Weil ich mich nicht als Elite, sondern als Fachmann sehe.
• Weil alle von mir wahrgenommenen Aufgaben für mich selbstverständlich sind. Die Übernahme eines bestimmten Amtes verlangt dies und ist für mich nicht herausragend zu sehen. Pflicht- und Verantwortungsgefühl ist bestimmend!
• Weil ich kein Mandat besitze und weil mir der Begriff Elite unpassend erscheint.
• Weil ich meine wissenschaftliche Tätigkeit – aus der Praxis kommend – von Anfang an auch als eine gesellschaftspolitische Aufgabe aufgefasst habe.
• Weil die Pflichten dies erfordern und ich mich um entsprechende Fähigkeiten bemühe.
• Als in der Regel gewählter Vertreter ist man nur auf Zeit (...) tätig.

Jenseits der in den Antworten auch deutlich werdenden Abstufungen und Abgrenzungen wird eine Struktur der Eliteintegration im wissenschaftspolitischen Machtfeld sichtbar. Zentral für die Strukturierung ist Merkmalskombination: *Machtpositionen* in einflussreichen Organisationen des Feldes, über sie vermittelt, die Partizipation am hochschul- und forschungspolitischen *Strategiediskurs* und die Präsenz in dem dafür *relevanten Elitennetzwerk*. Letzteres entfaltet sich um einen Kern, der sich als Positionselite verstehen lässt, die sich um eine Funktionselite durch die Nachfrage und Bereitstellung von *Expertisen* nach außen verbreitet.

4.3 Das Zusammenwirken von Wissenschaft und Politik

Wie wird die gegenwärtige Arbeitsteilung zwischen Wissenschaft und Politik von den Befragten eingeschätzt und wie soll sie gegebenenfalls verändert werden? Bei dieser Einschätzungsfrage zum Zusammenspiel von Wissenschaft und Politik waren zunächst fünf Statements (mit Ja, Nein oder Unentschieden) zu bewerten.

Das Zusammenwirken von Wissenschaft und Politik			
Einschätzungen für die Gesamtgruppe			
Hervorhebung der mehrheitlichen Nennungen	Ja abs. + %	nein abs. + %	unentschieden abs. + %
Status-Quo: Auf dem Weg der Politikberatung durch Sachverständige aus der Wissenschaft kann wissenschaftlicher Fachverstand gewinnbringend in politische Entscheidungsprozesse eingebracht werden.	68 = 84,0%	1 = 1,2%	11 = 13,6%
Macht und Entscheidungskompetenz: Experten aus der Wissenschaft verfügen über zu wenig Einfluss auf wissenschaftspolitische Entscheidungen. Ihre Stellungnahmen und Empfehlungen sollten daher mit einer höheren Verbindlichkeit umgesetzt werden.	44 = 54,3%	22 = 27,2%	14 = 17,3%
Expertokratisierung: Minister/innen greifen bei ihren Planungen verstärkt auf Expertisen wissenschaftlicher Experten(gremien) zurück, wodurch die Einflussmöglichkeiten der Bürokratie (z.B. Wissenschaftsministerien) eingeschränkt wird.	17 = 21,0%	46 = 56,8%	15 = 18,5%
Legitimation: Da sich bei Kostenneutralität von Reformen der Legitimationsdruck auf die politischen Entscheidungsträger verstärkt, greifen sie zunehmend auf Legitimationsbeschaffung durch wissenschaftliche Expertengremien zurück.	54 = 66,7%	12 = 14,8%	13 = 16,0%
Effektivität: Um die Arbeit von Sachverständigengremien effektiver zu gestalten, muss bei der Zusammensetzung der Gremien stärkeres Gewicht auf die Sachkompetenz als auf öffentliches Ansehen, wissenschaftliche Reputation und politisches Kalkül gelegt werden.	53 = 65,4%	7 = 8,6%	18 = 22,2%
Demokratie: Durch den zunehmenden Einfluss von Expertenräten und Beratungsgremien wird der Einfluss der Parlamente zurückgedrängt.	12 = 14,8%	54 = 66,7%	14 = 17,3%

Das Statement zum *Status-Quo* erhält mit 84 % die größte Zustimmung. Es besagt, dass das bestehende Modell richtig sei, da es ermöglicht, auf dem Weg der Politikberatung durch Sachverständige aus der Wissenschaft Fachverstand gewinnbringend in politische Entscheidungsprozesse einzubringen. Dass es gleichzeitig noch verbesserungswürdig sei, wird dadurch unterstrichen, dass fast zwei Drittel der Befragten der Ansicht sind, dass die *Effektivität* wissenschaftlicher

Politikberatung durch eine bessere Nutzung wissenschaftlicher Sachkompetenz noch zu steigern wäre.

Etwas mehr als die Hälfte unterstützt das Statement Macht und Entscheidungskompetenz und geht somit davon aus, dass Expert/innen aus der Wissenschaft über zu wenig Einfluss auf wissenschaftspolitische Entscheidungen verfügen und Empfehlungen wie Expertisen aus der Wissenschaft mit einer höheren Verbindlichkeit in die Politik einfließen sollten. Gleichzeitig bejaht eine Mehrheit (66,7 %), dass wissenschaftliche Expert/innen bei den gegebenen Arbeitsteilungsstrukturen im wissenschaftspolitischen Machtfeld in zunehmendem Maße die Funktion der Legitimation politischer Entscheidungen erfüllen.

Der Grundtenor dieser Einschätzungen lässt sich so zusammenfassen, dass bei hoher Zustimmung zum Status Quo der Machtverteilung – die Wissenschaft berät, die Politik entscheidet –, die Wissenschaft zum Legitimationsbeschaffer werden kann. Dies allerdings nur, wenn – aus Sicht der Befragten – bei der Zusammensetzung von Expertengremien weniger auf Sach- und Fachverstand als auf politisches Kalkül geachtet wird, bzw. wenn die politischen Entscheidungsträger die Empfehlungen aus der Wissenschaft nur halbherzig berücksichtigen.

Dass das Zusammenspiel zwischen Wissenschaft und Politik einschneidenden Veränderungen unterliegt – so unsere Annahme zu Beginn der Untersuchung – wird durch die Stellungnahmen der Befragten nicht bestätigt. Diese Annahme ist im Statement zur *Expertokratisierung* in Verbindung mit dem *Demokratie*-Statement enthalten. Beide Statements zielen darauf, dass sich der Status quo in einer problematischen Lage befindet und Expertenräten im wissenschaftspolitischen Entscheidungsprozess ein höheres Gewicht gegenüber den politischen Entscheidungsträger/innen (Ministerien und Ministerialbürokratien sowie den Parlamenten) eingeräumt wird bzw. werden sollte. Diese Annahme bestätigen die Befragten nicht.

Auch in den Antworten auf die offen formulierte Frage, welchen Handlungs- und Veränderungsbedarf die Befragten sehen (vgl. hierzu die folgende Antworttabelle), bilden Statements in Richtung Expertokratisierung die Ausnahme. In dem Zusammenhang ist die Forderung nach „Einrichtung institutionalisierter Politikberatungsgremien auf Bundes- und Länderebene" hervorzuheben und das Statement „man sollte (...) Wissenschaftler in entscheidende und nicht nur beratende Funktionen berufen". Diese Statements, die in der Tabelle unter der Überschrift „Stärkung des Eigenwerts von Wissenschafts- und Bildungspolitik" zusammengefasst sind, lassen sich durchaus in Richtung unserer Expertokratisierungsthese interpretieren. Jedoch bezieht sich auch bei den Veränderungsperspektiven der größte Teil der Stellungnahmen auf die „Stärkung der Autonomie der Wissenschaft und der Wissenschaftler/innen", wozu z.T. auch die Argumente zu zählen sind, die unter den Rubriken „Bewertung der Rolle von Politik" und „Bewertung der Rolle von Wissenschaft" zusammengefasst sind.

In Form von Bewertungen werden anhand dieser Stellungnahmen auch Schnittstellen zwischen Wissenschaft und Politik als Nahtstellen erkennbar, die auf die unterschiedlichen Funktionslogiken beider Felder verweisen. Sie lassen eine z.T. sehr selbstkritische Distanz der befragten Wissenschaftler/innen nicht nur gegenüber der Politik im Allgemeinen erkennen, sondern auch gegenüber den politischen Konsequenzen des eigenen, individuellen Handelns.[49]

Veränderungsbedarf in der Wissenschaftspolitik
Stärkung des Eigenwerts von Wissenschafts- und Bildungspolitik
• Man sollte ähnlich dem amerikanischen System Wissenschaftler in entscheidende und nicht nur beratende Funktionen berufen.
• Einrichtung institutionalisierter Politikberatungsgremien auf Bundesebene und Länderebene.
• Die Experten aus der Wissenschaft sollten mehr Einfluss auf wissenschaftspolitische Entscheidungen haben.
• Wenn sich Politik des wiss. Sachverstands von Experten bedient – O.K., wenn Politik über Struktur und Organisationsformen für Wissenschaft entscheidet – Expertenrat wird zu wenig angenommen.
• Wissenschaftspolitik muss Primat in der Politik haben, nicht Finanz- und Innenpolitik; Strukturverbesserungen werden im Hochschulsystem erschwert, Reformbereitschaft nimmt ab, Zukunftsprobleme können wir nur unter dem Primat der Bildungs- und Wissenschaftspolitik lösen.
• Forschung und Lehre sind zukunftsbestimmend für unsere Gesellschaft und müssten in der Innenpolitik höchste Priorität haben.
• In der Aufklärung der Parlamentarier über den langfristigen Wert der Grundlagenforschung als Basis künftiger Kultur und Technik.
• Hochschul-, Schulreformen mit den Betroffenen vorher diskutierten.
• Zurück zu langfristigen Entwicklungen, weg von hektischen, kurzatmigen Aktivitäten, Wissenschaft braucht Geduld und Vertrauen. Weg vom Einfluss des Geldes! (In jeder Form).

---

49 Die weiteren in der Tabelle nicht aufgeführten Statements beziehen sich auf die innerwissenschaftlichen und politischen Strategien bei der Berufung von Expert/innen wie: „Unabhängige Beratungsgremien aus der Wissenschaft sind nötig! Auswahl der Gremienmitglieder durch unabhängige Institutionen. Größere Transparenz, größere Öffentlichkeit im Vorfeld, Möglichkeiten der „Ausschreibung" von Beratungsfunktionen. Mehr Transparenz und Begründung der Berufung. Einführung einer Altersgrenze (65) für die Besetzung von Expertenkommissionen."

Stärkung der Autonomie der Wissenschaft und der Wissenschaftler/innen

- Die Autonomie der Wissenschaft muss verstärkt werden.
- In der Stärkung der Autonomie der Hochschulen.
- Abbau der neu entwickelten bürokratischer Wasserköpfe zur Durchführung der org. Reformen.
- Mehr Geld für Unis, mehr Zeit für Wissenschaft, weniger für Selbstverwaltung.
- Die „Evaluitis" u.ä. nicht ungezügelt ausufern lassen und Sicherung der Unabhängigkeit der Wissenschaft.
- Förderung der Grundlagenforschung und Entbürokratisierung der Forschung und Lehre an den Universitäten. Schaffung von mehr Handlungsspielräumen und Selbstorganisation.
- Reduzierung der Bevormundung von Hochschulen durch Behörden bzw. Politik, Berufung von wissenschaftskompetenten Fachleuten als Bildungspolitiker.
- Stärkung der Hochschulautonomie, keine politisch motivierten Besetzungsstrategien von Spitzenpositionen an Hochschulen; Hochschulreformen von innen heraus entwickeln.
- Mehr Wettbewerb, aber weniger „Evaluation" durch „Expertengremien" und mehr Zeit für die Wissenschaft, für die Spitzenwissenschaftler

Bewertung der Rolle von Politik[50]

- Politik nutzt die Wissenschaft zu sehr als Feigenblatt, die Verbindlichkeit ist nicht da, Politiker sind eben keine Wissenschaftler, deswegen können sie die Brisanz mancher Aussagen von Wissenschaftlern nicht beurteilen.
- Wenn die Politik Beratung durch Sachverständige aus der Wissenschaft wünscht, sollte sie die Empfehlungen auch weitestgehend übernehmen (Keine Alibifunktion)!
- Beratung nicht als verdeckte Mittelkürzungsbegründung missbrauchen.
- Empfehlungen von Experten sollten umgesetzt werden, nicht Ausgangspunkt für (endlose) Debatten bilden.
- Auf der Seite der Politik sehe ich eine viel zu geringe Nutzung der Möglichkeiten wiss. Politikberatung.
- Die Politik muss sich stärker des Sachverstands bedienen, viele und gerade die wichtigsten Reformen sind nicht kostenneutral durchzuführen; die Politik muss begreifen, dass eine internationale Spitzenposition in der Wissenschaft ihren Preis hat.
- Die föderale Struktur, lange Markenzeichen der alten Bundesrepublik, erweist sich unter den Bedingungen der wachsenden europäischen Integration als problematisch.
- Politik wird vor allem von Wirtschaft gesteuert (Wissenschaftseinfluss ist marginal).

---

50 Darunter finden sich polemisierende Statements wie: „Politiker müssen eine bessere Schulausbildung und ggf. eine bessere Universitätsausbildung in Mathematik und Statistik erhalten um besser urteilen zu können" oder: „Zunahme der Sachkompetenz bei Politikern".

Bewertung der Rolle von Wissenschaft
• Bei der heutigen Komplexität politischer Entscheidungsprozesse ist Expertenwissen zunehmend gefragt. Wissenschaftliche Analysen und begleitende Fachgremien werden immer wichtiger zur Vorbereitung von Entscheidungen. Dies ist gängige Praxis. Bedarf zu grundsätzlichen Änderungen wird nicht gesehen. • Ich halte mehr Verantwortung der Parlamente für besonders wichtig und befürworte Expertinnen/ Expertengremien als sach- und themenbezogene befristete Maßnahme • Herstellung von wechselseitigem Vertrauen, Kenntnis von politischen Spielregeln sind auch für Wissenschaftler wichtig (sonst Gefahr der Selbstüberschätzung), Wissenschaftler müssen die gesellschaftlichen Randbedingungen und Wirkungen ihrer Empfehlungen begreifen. • Auf der Seite der Wissenschaft sehe ich zu viel technokratisch-naiven Optimismus in Bezug auf die Umsetzung von Politikberatung, die die Erfordernisse der politischen Prozesse ausblenden. • Dass die Wissenschaft die Verständlichkeit ihrer Aussagen und Empfehlungen sicherstellt und in Entscheidungssituationen in die Verantwortung nehmen lässt.

Insgesamt können die aufgeführten Veränderungsperspektiven und -forderungen als Bestätigung der mit 84% sehr hohen Zustimmung zum Status quo der Machtverteilung im wissenschaftspolitischen Machtfeld gelesen werden. Diesem Status quo der Machtverteilung zwischen Wissenschaft und Politik unterliegt das Prinzip der Autonomie, so dass die zahlreichen direkten und indirekten Statements zur Wissenschaftsautonomie auch als Plädoyers für zukünftig mehr Einfluss von Expert/innen aus der Wissenschaft auf wissenschaftspolitische Entscheidungen interpretiert werden können, also als Forderungen nach mehr Macht und Entscheidungskompetenz für die Wissenschaft in wissenschafts-, forschungs- und bildungspolitischen Entscheidungsprozessen.

4.4 Zwischen Status Quo und Quote

Bei der Frage nach Gestaltung und Veränderung des Zusammenspiels zwischen Wissenschaft und Politik halten die befragten Expert/innen am Status quo der Machtverteilung im Machtfeld wissenschaftspolitischer Steuerung fest. Auch die Stellungnahmen zum Stellenwert von Frauenförder- bzw. Gleichstellungspolitik oder zur Beteiligung von Wissenschaftlerinnen an wissenschaftspolitischen Entscheidungsprozessen weisen weniger in Richtung Veränderung als in Richtung Aufrechterhaltung bestehender Verhältnisse.

So gibt ein Drittel der Befragten an, dass Rolle und Funktion der Frauenbeauftragten ein Thema in wissenschaftspolitischen Beratungsgremien sei und nur 16 % nennen die derzeit überall diskutierten neuen Steuerungsinstrumente wie die Mittelvergabe nach Kennzahlen als einen ‚frauenpolitisch' relevanten Diskussionspunkt. Bei der Frage nach Maßnahmen gegen die asymmetrische Beteiligung von Männern und Frauen an wissenschaftspolitischen Entscheidungen wird die sofortige und z.T. als längst überfällig erachtete Erhöhung der Wissenschaftlerinnenanteile zwar gefordert. Doch bezieht sich nur ca. ein Drittel der Veränderungsvorschläge direkt auf die Problematik der asymmetrischen Geschlechterbeteiligung. Diese Veränderungsperspektiven sind der folgenden Übersicht zu entnehmen.

Vorschläge zur Veränderung geschlechterasymmetrischer Beteiligung
• Mehr Frauen in wissenschaftliche Positionen bringen.
• Entscheidend ist die Erhöhung des Frauenanteils unter den Hochschullehrer/innen.
• Frauenanteil in Leitungspositionen der Hochschulen müsste vergrößert werden.
• Erhöhung des Frauenanteils in wissenschaftlichen Spitzenpositionen.
• Gestufte Einbindung von Frauen in Leitungsfunktionen.
• Bekanntgabe/ Ausschreibung von Vakanzen in Expertengremien, Quorum für Frauen in Gremien. (Anwesenheit einer Mindestanzahl bei Abstimmungen)
• Professionalisierung der Leitungspositionen, Positionsbesetzung mittels Bewerbung, Anerkennung der Leitungsfunktionen, d.h. Entlastung von Lehraufgaben.
• Sondervoten von Frauen (keine ständige Anwesenheitspflicht in Gremien).
• Frauen in Spitzenpositionen bringen (Vorsitz bzw. Stellvertretender Vorsitz), also keine Quotenfrau.
• Frauen-Fortbildung in Führung und Wettbewerb.
• Individuelle Förderprogramme für Leistungsträgerinnen führen mittelfristig zu höherem Frauenanteil in wissenschaftl. Spitzenpositionen und für „Expertinnen".
• Heranziehung von weiblichem Nachwuchs.
• Mentoring-Projekte zur Kompetenzentwicklung.
• Die leider noch relativ wenigen Wissenschaftlerinnen nicht überlasten.
• Effizienz von Frauen setzt viel durch: Problem: Frauen ziehen sich wieder zurück, da (selbst) kritischer.
• Bis zu einer Veränderung der Realität: Quote, Quote, Quote! Tendenzielle Quoten.
• Beteiligung von Gender-Experts.
• Mehr Frauen in die Politik, insbesondere Wissenschaftspolitik.
• Aufbau von Netzwerken (unter Frauen), Empfehlungen (von Frauen).

Mehrheitlich nennen die Befragten als traditionell zu bezeichnende (in der Übersicht nicht aufgeführte) gleichstellungspolitische Forderungen, wie spezifische Frauenfördermaßnahmen (während der Familienphase, bei der Vereinbarkeit von Wissenschaft und Familienbindung) und individuelle bis hin zu gesellschaftlichen Bewusstseinsveränderungen. Zudem wird den Empfehlungen der überregionalen Gremien des Machtfeldes zur Veränderung der Situation mehrheitlich eine Legitimationsfunktion zugeschrieben: Es fände in Expertengremien eine Berufung auf entsprechende Empfehlungen insbesondere des Wissenschaftsrates statt, weil dies so üblich sei, und ohne dass damit gravierende, tatsächliche Veränderungen verbunden wären.[51]

Dabei wird die verstärkte Rekrutierung von Frauen für Leitungspositionen wahrscheinlich nicht zufällig gerade von vielen der befragten Frauen gefordert, wobei sie in ihren Stellungnahmen oft gleichzeitig auf die große Bedeutung von Einbindungen in die relevanten Netzwerke hinweisen, um der geschlechterasymmetrischen Beteiligung an wissenschaftlichen und wissenschaftspolitischen Entscheidungen entgegenzuwirken.

Insoweit schließt sich hier der Kreis zu der zwischen den befragten Wissenschaftlern und Wissenschaftlerinnen diskrepanten Wahrnehmung und Bewertung der homosozialen Rekrutierungs- und Anerkennungsmuster des wissenschaftlichen Feldes (vgl. insbes. II.3.1). Zu der Frage, wie die für das wissenschaftliche Feld spezifischen Anerkennungskriterien und Rekrutierungsmuster im Machtfeld wissenschaftspolitischer Steuerung und im politischen Feld wirken, gibt die Auswertung der qualitativen Interviews mit den zehn Cross-over-Wissenschaftlerinnen detailliert Auskunft.

---

51 Gefragt war nach der Wirksamkeit von einschlägigen Empfehlungen: des Wissenschaftsrates (WR), der Bund-Länder-Kommission (BLK), der Kultusministerkonferenz (KMK), der Hochschulrektorenkonferenz (HRK) und der außeruniversitären Forschungseinrichtungen.

III. Die qualitative Studie zum Cross over

1. Die Bewegung zwischen Wissenschaft und Politik als Cross over

Angehörige gesellschaftlicher Spitzengruppen haben eine „persönlich, ihnen individuell zurechenbare Leistung erbracht, die in unserer Gesellschaft als bedeutsam erachtet und gesellschaftlich anerkannt wird" (Krais 2000: 138). Mit Krais an diese Definition Dreitzels (1962) anschließend, können jene Individuen Zugang zur Spitzengruppe finden, die Leistungen erbringen, die nach den Normen der jeweils feldspezifischen Auslesekriterien die höchste Bewertung erhalten. Zum bestimmenden Zuordnungskriterium wird die (explizite oder implizite) Anerkennung, der Erfolg, und damit das, was feldspezifisch als Leistung zählt, nicht die (tatsächliche oder fiktive) Leistung an sich.

Kriterien und Normen der Zuerkennung höchster Leistungen, die ihrerseits für wissenschaftliche und politische Ämter prädisponieren – und damit der Prozess der Leistungsdefinition bzw. -qualifizierung – werden in der folgenden Darstellung anhand der Werdegänge von Spitzenfrauen eruiert, die zwischen Wissenschaft und Politik pendel(te)n. Die Pendelbewegungen sind an (zeit)geschichtliche Gelegenheitsstrukturen des wissenschaftlichen wie des politischen Feldes geknüpft. Sie werden auf der Grundlage der Wahrnehmungen, der Deutungen und Selbstzuschreibungen der Frauen rekonstruiert, die über Erfahrungen mit Spitzenpositionen in beiden Feldern verfügen. Der Aufenthalt in beiden Feldern vermittelt Erfahrungen und Deutungen aus einem Raum dazwischen: Bisherige Erfahrungen im einen werden vor dem Erfahrungshintergrund des anderen Feldes betrachtet und bewertet. Dies nennen wir die Perspektive des Cross over.

Da Frauen als soziale Gruppe historisch gesehen sowohl im wissenschaftlichen als auch im politischen Feld Newcomer sind, interessiert uns vor allem, wie sie in die Spitzenpositionen kommen, und wie sie ihre Wege selbst einschätzen. Als wichtige Markierungspunkte erweisen sich bestimmte Stationen in den von den Befragten geschilderten wissenschaftlichen Werdegängen, die Rekrutierungsstrategien und -wege in universitäre und andere Leitungspositionen in Wissenschaft und Politik sowie die Einbindung in die verschiedenen Netzwerke. Sie werden in den folgenden Abschnitten dargestellt.

1.1   Zur Auswahl der Spitzenfrauen

Für die Auswahl der Interviewten war das Kriterium, dass sie sowohl in der Wissenschaft als auch in der (Wissenschafts)-Politik Spitzenpositionen innehatten. Ausgewählt wurden Wissenschaftlerinnen:

- die das wissenschaftliche Feld zeitweise verlassen haben und z.B. als Wissenschaftsministerinnen auf Landesebene wissenschaftspolitisch agier(t)en,
- die auf ausgewiesene Erfahrungen als Mitglied in wissenschaftlichen Organisationen, wissenschafts- und hochschulpolitischen Expert/innengremien und/ oder politikberatenden Kommissionen zurückblicken oder
- die auf wissenschaftspolitischer Ebene in besonderer Weise für Projekte im Bereich der akademischen Frauenbildung (Karrieren) oder in Expertinnen-Netzwerken in der Wissenschaft engagiert sind.

Darüber hinaus wurde darauf geachtet, dass Frauen aus den neuen und alten Bundesländern vertreten sind.[52] Die Untersuchungsgruppe besteht aus 10 Frauen. Alle Interviewten waren öffentliche Personen und durch ihre Präsenz in den Medien über ihren unmittelbaren Arbeitsbereich in der Wissenschaft hinaus bekannt. Prominenz erreichen einige mit Beginn der 1980er sowie der 1990er Jahre in politischen Phasen, in denen die Demokratisierungs- und Integrationsfähigkeit gesellschaftlicher und politischer Eliten besonders herausgefordert war. In den 1980er Jahren durch die Neuen sozialen Bewegungen, unter ihnen insbesondere die Frauenbewegung, seit 1989/90 durch die ostdeutschen Frauen- und Bürgerbewegungen (vgl. z.B. Schöler-Macher 1992 und 1994, Roth 1992).

Bis auf eine hatten alle interviewten Wissenschaftlerinnen eine Professur inne, ehe sie für hohe (wissenschafts)politische Positionen vorgeschlagen wurden. Die Frau ohne Professur nimmt ein herausgehobenes Leitungsamt in der Wissenschaftspolitik wahr. Fünf Frauen bekleid(et)en auf Länderebene das Amt einer Ministerin, eine war Staatssekretärin, zwei weitere waren für diese Ämter im Gespräch. Drei Frauen hatten prominente Positionen in der Wissenschaftspolitik inne. Von ihrer fachlichen Herkunft sind sie je zur Hälfte

- Natur- bzw. Ingenieurwissenschaftlerinnen und Mathematikerinnen,
- Sozialwissenschaftlerinnen und Juristinnen.

---

52   Alle angefragten Frauen waren zu einem Interview bereit. Auf Grund ihrer öffentlichen Bekanntheit, sind Anonymisierungen notwendig, so dass in den Interviewzitaten z.B. für genannte Organisationen und Personen häufiger Umschreibungen oder Auslassungen zu finden sind.

Sie waren zum Zeitpunkt ihres Wechsels aus der Wissenschaft in ein politisches Amt im Alter von ca. 50 (45-56) Jahren. Sie verfügten damit bereits über längere Erfahrungen in der wissenschaftlichen Arbeit und ein gefestigtes Wissenschaftsverständnis, bevor sie in ein politisches Amt überwechselten.

1.2 Zum sozialen Hintergrund der Spitzenfrauen

Drei der Interviewten lebten bis 1989 in der DDR, eine weitere flüchtete vor Beginn ihres Studiums von dort nach Westdeutschland. Eine emigrierte vor Beginn ihres Studiums aus einem südeuropäischen Land in die BRD, die anderen fünf hatten ihre Lebensschwerpunkte weitgehend in der Bundesrepublik.

Fünf der Frauen sind kinderlos, eine hat ein Kind, zwei haben zwei, eine hat drei und eine vier Kinder. Die Kinder waren zum Zeitpunkt der politischen Karriere der Frauen mindestens Jugendliche, meist schon erwachsen. Eine der Frauen mit Kindern weist dezidiert darauf hin, dass sie nicht Präsidentin sein könne, „wenn ich kleine Kinder habe" (H: 907f.). Aus der Perspektive der Reputation, die zu erwerben ist, bevor eine solche Position übernommen wird, sei jedoch vielfach auch ein Alter erreicht, in dem die Vereinbarkeitsproblematik keine zentrale Bedeutung mehr einnehme.

Ein bürgerliches, teils bildungsbürgerliches Elternhaus und in mindestens zwei Fällen eine berufstätige, phasenweise die Familie durch ihre Berufstätigkeit existenziell sichernde Mutter bilden den sozialen Hintergrund von sieben Befragten, die mehrheitlich in Westdeutschland aufgewachsen sind. Die Väter gehören mehrheitlich klassisch akademischen Berufsgruppen an: sie sind Lehrer, Pfarrer, Ärzte und Juristen. Mindestens drei der Mütter sind ebenfalls Lehrerinnen, bei den anderen ist der Beruf der Mutter unbekannt.

Bei der sozialen Herkunft der Interviewten aus der DDR zeigen sich deutliche Unterschiede im Bildungshintergrund. Die sozialen Hintergründe sind heterogener und umfassen Arbeiter/innen, Angestellte, kleinere Selbständige und Akademiker/innen. Drei von ihnen stammen aus Familien, in dem das Studium der Tochter gemessen an bundesrepublikanischen Maßstäben ein Verlassen ihrer Herkunftsschicht bedeutete. Ihre derzeitigen Lebenspartner/innen fanden die befragten Wissenschaftlerinnen vorwiegend innerhalb des akademischen Milieus, fünf von den Partner/innen haben ebenfalls eine Professur inne, zwei weitere sind promoviert. Damit werden die Ergebnisse der quantitativen Erhebung bezüglich der Homogamiethese der Partner/innenwahl bestätigt (vgl. II.1.1).

2. Karrieren in der Wissenschaft

2.1 Die wissenschaftlichen Werdegänge

Die Mehrzahl der Interviewten hat unmittelbar nach dem Abitur ein Studium aufgenommen. Zu Ausnahmen kommt es zum einen durch ein studienvorbereitendes Praktikum, zum anderen dadurch, dass die bundesdeutsche Hochschulzugangsberechtigung erst erworben werden musste. In einem Fall kommt es zu einem Fachrichtungswechsel. Die Studiendauer bewegte sich zwischen vier und sechs Jahren, von einer Interviewten abgesehen, die während des Studiums ein Kind bekam und ihr Studium nach acht Jahren abschloss. Die durchschnittliche Studiendauer lag bei 5,3 Jahren, wobei die Studienverläufe der Frauen aus der DDR durchschnittlich ein Jahr kürzer waren. Unsere Interviewpartnerinnen waren bei Abschluss des Studiums 23 bis 28 Jahre alt.

Nach den ersten Studienabschlüssen differenzieren sich die Werdegänge aus, wobei sich bei Zweien erste Weichen für eine wissenschaftliche Karriere durch herausragende Leistungen beim Studienabschluss stellten.

Bei den Wegen in die Professur lassen sich vier Gruppen unterscheiden. Für die Zuordnung der Interviewten zu den vier Gruppen, die im Folgenden vorgestellt werden, ist entscheidend, in welchem Ausmaß die Rahmenbedingungen der jeweiligen Hochschulentwicklungsphase bzw. die Haltung zum politischen System die individuelle Karriere beeinflusste. Somit differieren die Wege durch ein unterschiedliches Verhältnis zu den Gelegenheitsstrukturen in der Wissenschaft bzw. zu dem Fach und den persönlichen Investitionen.

2.1.1 Gelegenheitsstrukturen machen Professorinnen. Berufungen während der 1970er Jahre

Die Frauen der ersten Gruppe, alle drei Vertreterinnen gesellschaftswissenschaftlicher Fächer, profitierten von der Hochschulexpansion der 1970er Jahre. Sie wurden Anfang bis Mitte der 1970er Jahre relativ kurz nach der Promotion ohne Habilitation auf Professuren berufen und weisen die geradlinigsten wissenschaftlichen Karrieren bis zur Professur auf. Sie waren zum Zeitpunkt ihrer ersten Berufung 32, 34 bzw. 36 Jahre alt und zählten damit zur jungen Professorinnengeneration. Sie wurden in einer Zeit berufen, in der sich die Hochschullandschaft in der Bundesrepublik stark veränderte, was sich auch in dem Anstieg an Professor/innenstellen widerspiegelt, deren Zahl sich in der Zeit von 1970 bis 1975 von 14.856 auf 30.480[53] mehr als verdoppelte (vgl. Engler 2001: 154f.). Eine von ihnen kommentiert die für diese Generation als vorteilhaft eingeschätzten Gelegenheitsstrukturen so:

> „Wir kamen ja in die Stellen, ohne dass wir ein bestimmtes Karrieremuster anstrebten (...). Wir sind ja nicht in eine klassische Universitätslaufbahn hinein sozialisiert worden, sondern wir hatten das Glück, bei der Expansion der Hochschulen auf ein Reservoir offener Stellen zu treffen" (D: 607-612).[54]

Diese Spitzenfrau war zwei Jahre in einem wissenschaftsnahen Feld berufstätig, ehe sie eine wissenschaftliche Assistentinnenstelle antrat und auf dieser Stelle innerhalb von drei Jahren promovierte. Zwei Jahre später wurde sie auf eine Professur berufen. Sie betont dabei, dass sie sich entgegen dem ihr nahe gelegten Weg einer direkten Überleitung auf eine Professur an ihrer Hochschule, die durch die Hochschulgesetzgebung Anfang der 70er Jahre möglich war, in einem regulären Berufungsverfahren gegenüber habilitierten Konkurrent/innen an einer anderen Universität durchgesetzt habe. Sie lehnte aus diesen Gründen auch eine ihr angebotene, besser dotierte Professur an ihrer Heimatuniversität ab (D: 552-575).

> „Ich dachte, das wird ein Makel ein ganzes Leben lang (...), wenn man eine solche Position nicht im Wettbewerb erringt, sondern praktisch verliehen bekommt" (D: 561-564).

Die beiden anderen Frauen dieser Gruppe schlossen ihre Promotion direkt nach dem Studium innerhalb von zwei bzw. drei Jahren ab und waren vor oder seit der Promotion als Hochschulassistentinnen beschäftigt, bevor sie berufen wurden.

Bei allen dreien war der wissenschaftliche Werdegang eng, jedoch auf sehr unterschiedliche Weise förderlich bzw. hinderlich mit ihrem politischen bzw. hochschulpolitischen Engagement verknüpft. Für eine von ihnen stellte eine parteipolitische Karriere immer eine mögliche Alternative zur wissenschaftlichen Karriere dar, doch erachtete sie den Abschluss der Promotion auch für die Mög-

---

53 Die Zahlen beziehen sich auf Hochschulen in der Bundesrepublik, die Kategorie umfasst Universitäten, Pädagogische Hochschulen, Gesamt- und Kunsthochschulen und Hochschulkliniken (Quelle: Engler 2001: 155).
54 Alle Interviewzitate sind in dieser Form von den übrigen Textpassagen abgehoben. Runde Klammern innerhalb von Interviewzitaten stehen für kürzere, z.T. für längere Auslassungen im Zitat, eckige Klammern markieren entweder Hinzufügungen der Autorinnen mit erläuterndem Charakter, um den Leser/innen das Verständnis eines Interviewzitats zu erleichtern oder die Ersetzung von Eigennamen von Organisationen oder Personen [i.d.R. durch X, Y etc.], um die Anonymität der Befragten weitgehend zu wahren.

lichkeit des Aufstiegs innerhalb einer Partei als eine wichtige Voraussetzung. Sie zog zunächst die wissenschaftliche Karriere der parteipolitischen vor. Der Einfluss ihres politischen Engagements gestaltete sich dagegen für eine andere sehr ambivalent. So verhinderte der politische Ruf, der ihr vorauseilte, eine Beschäftigung in dem von ihr eigentlich angestrebten Berufsfeld außerhalb der Wissenschaft. Auch für ihre erste Berufung war die Fürsprache eines Bekannten und ein längeres Gespräch über ihre politische Integrität mit dem berufenden Wissenschaftsminister notwendig. Zugleich wurde sie durch parteipolitisch aktive Frauen aus ihrem direkten Umfeld in ihrer wissenschaftlichen Karriere bestärkt und gefördert. Auch in ihren Aussagen spiegelt sich die Besonderheit der aus der Hochschulexpansion resultierenden Berufungssituation wieder. Dabei wird auch der politischen Verortung als möglichem Einflussfaktor bei Berufungsentscheidungen dieser Phase ein Stellenwert eingeräumt.

> „Das hat in diesem Fall mit dem Geschlecht nichts zu tun. Weil wir ja damals diese Ausweitung der Universitäten hatten, sozusagen jeder berufungsfähige Mann war schon unter der Haube, und hatte schon eine Professur. Deswegen ging es in diesem Fall nicht um Mann oder Frau. Es war ganz unproblematisch. (...Die) Querelen sind (...), dass es immer Strömungen oder Gruppierungen und Seilschaften gibt, in die man eben reinpasst oder nicht reinpasst" (E: 903-913).

Die Bedeutung des je spezifischen politischen und hochschulpolitischen Engagements zeigt sich – allerdings unter anderen Vorzeichen – auch in der Berufung der dritten Professorin aus dieser Gruppe der in den 70er Jahren Berufenen. Sie wurde von einem Kollegen explizit aufgefordert, sich auf eine Professur an seiner Hochschule zu bewerben, nachdem er auf ihre von ihrem politischen Engagement beeinflussten fachwissenschaftlichen Projekte aufmerksam geworden war.

> „Da war (...) jemand aus [Ort]. Gutachter bei der DFG, hat das gelesen, war absolut hoch begeistert, hat mich angeschrieben und hat gesagt, ich soll mich doch (...) auf eine Professur bewerben. (...) Und dann habe ich die (...) bekommen" (C: 1012-1017).

2.1.2 Berufungen auf traditionellen Wegen. Professuren in den 1980er Jahren

Die zweite Gruppe wurde Anfang der 80er Jahre auf Professuren berufen, in einem Fall mit Habilitation, im anderen Fall, so diese Gesprächspartnerin, fiel die Entscheidung bewusst gegen eine Habilitation aus. Als Alternative fasste sie eine Fachhochschulprofessur ins Auge.

Obwohl diese Frauen der gleichen Altersgruppe angehören wie die Vertreterinnen der ersten Gruppe der in den 1970er Jahren Berufenen, trafen sie aus unterschiedlichen Gründen auf andere Voraussetzungen und schlugen im Unterschied zur ersten Gruppe aus heutiger Sicht klassische Hochschullaufbahnen ein. Die Sozialwissenschaftlerin schloss ihre Promotion Mitte der 1970er Jahre ab und damit ca. fünf Jahre später als die Frauen der ersten Gruppe. Sie profitierte nicht mehr von der Hochschulexpansion und schloss eine sechsjährige außeruniversitäre Berufstätigkeit an. Mit dieser Berufsphase ist sie die einzige unter den Wissenschaftlerinnen aller vier Gruppen, die längere Zeit außerhalb der Hochschule beschäftigt war. Sie habilitierte sich in dieser Zeit und wurde ein Jahr später auf eine Professur berufen.

Die Naturwissenschaftlerin dieser Gruppe promovierte Anfang der 70er Jahre, vier Jahre nach ihrem Studienabschluss mit Auszeichnung. Sie wurde von ihrem Doktorvater gefördert, machte jedoch im Rahmen ihrer Promotion frauendiskriminierende Erfahrungen.

> „Ich hatte [Betonung] Schwierigkeiten bei der Promotion. Und zwar nicht mein Chef oder mein Doktorvater, der war O.K., da gab es überhaupt nichts. Also in der Anerkennung war der ein toller Mann. Aber man musste damals, bevor man zur mündlichen Doktorprüfung ging (...) sich überall vorstellen bei den anderen Professoren, die dann in der Doktorprüfung beteiligt waren. Und da weiß ich noch, dass ich zu dem damaligen Dekan gegangen bin der Naturwissenschaftlichen Fakultät. Und dann fing der an mich zu prüfen, obwohl ich mich nur vorgestellt habe, fing der an mich zu prüfen. Und der wollte wissen, was mein Mann wäre, der glaubte mir nicht [Betonung], dass ich die Doktorarbeit selbst gemacht habe. Der meinte also, dass das eben mein Mann wäre" (F: 781-792).

Da sie mit diesen Erfahrungen das für die Habilitation notwendige „Klinkenputzen" (F: 836) als erniedrigend empfand, entschied sie sich gegen die Habilitation und erwarb sich durch praxisnahe Tätigkeiten an universitären Instituten die Voraussetzungen, um Anfang der 80er Jahre erfolgreich auf eine Fachhochschulprofessur berufen zu werden. Die beiden Frauen dieser Gruppe erreichten ihre Professur ca. fünf Jahre später als die der ersten Gruppe, d.h. in einem Alter von etwa 40 Jahren.

Ein politisches bzw. hochschulpolitisches Engagement hatte in den Karriereverläufen dieser Frauen bis zur Professur keine hervorgehobene Bedeutung, soweit dies aus den Interviews ersichtlich wird. In einem Fall fällt auf, dass neben der besonders ausgezeichneten Promotion ein sehr günstiges Förderungsverhältnis zum betreuenden Professor bestand, an dessen Lehrstuhl sie nach der Promotion über acht Jahre (bis zu seiner Emeritierung) tätig war.

2.1.3 Die Frauen der Wende. Berufungen in den 1990er Jahren

Die dritte Gruppe besteht aus drei Frauen aus den neuen Bundesländern, die alle drei teils mit, teils ohne Habilitation in der DDR nach 1989 auf Professuren bzw. eine Fachhochschulprofessur berufen wurden. Ihre Promotionszeiten waren mit fünf bis neun Jahren länger als die der westdeutschen Frauen, doch verbrachten sie diese Zeit wissenschaftsnah. Die beiden Naturwissenschaftlerinnen erreichten ihre Promotion im Verlauf einer wissenschaftlichen Assistentinnentätigkeit, die sich direkt an den Studienabschluss anschloss und zeitlich über die Promotion hinausging. Eine von ihnen absolvierte in dieser Zeit ein spezielles Zusatzstudium im Ausland. Die Sozial-/ Geisteswissenschaftlerin schloss ihre Promotion nach einem Promotionsstudium ab.

Zwar waren alle drei Frauen nach ihrem Studium kontinuierlich innerhalb des Hochschulsystems beschäftigt, doch blieb ihnen eine Professur innerhalb des DDR-Hochschulsystems versagt. Dies wird z.T. explizit mit politischen Schwierigkeiten bzw. einer mangelnden Identifizierung mit dem DDR-System begründet. Ihre Berufungen erfolgten nach „der Wende", Anfang der 1990er Jahre. Mit ca. 44 Jahren erreichten sie diesen Karriereschritt etwa vier Jahre später als die Vertreterinnen der zweiten Gruppe von Frauen aus den alten Bundesländern.

2.1.4 Fachliche und hochschulpolitische Neuorientierungen

Zur vierten Gruppe rechnen wir zwei Wissenschaftlerinnen, deren Wege durch die Verbindung eines besonderen frauenpolitischen mit einem hochschulpolitischen Engagement zu charakterisieren sind. In beiden Fällen ist dieses im berufsbiografischen Verlauf durch eine fachliche Umorientierung gekennzeichnet. Im Vergleich zu den übrigen Gruppen handelt es sich daher um weniger ‚geradlinige' Karriereverläufe. Gleichzeitig gehören beide zu den Ältesten der von uns interviewten Frauen.

Eine dieser beiden Naturwissenschaftlerinnen stieß nach dem ersten Studienabschluss auf größere Schwierigkeiten als die anderen Interviewten, da sich ihr Versuch einen Doktorvater zu finden schwierig gestaltete.

> „Ich wollte in [Ort] promovieren (...). Da konnte man nur beim Institutsdirektor promovieren. Die anderen hatten keine Doktoranden. 1961 bin ich bei dem damaligen Institutsdirektor vorstellig geworden und habe gefragt, ob es denn – der hatte (...) nur männliche Doktoranden – möglich sei. Und da hat er gesagt: Frauen promovieren hier nicht. Zack!" (A: 218-224).

Es kostete dann mehrere Jahre, bis ihre Versuche zu promovieren, von Erfolg gekrönt waren.

> „Ich habe mich dann an (...) einen gewandt, von dem ich wusste, der hatte sich in [Ort] während meiner Studienzeit habilitiert. Er war dann auch durchgefallen durch die Habilitation, hat unendlich gelitten. Er hat es dann aber irgendwann doch gepackt (...). Professor war der nicht, der war irgendwie Dozent (...). Und an den habe ich mich dann gewandt. (...) Und da hat er gesagt: Ja, gerne!" (A: 253-265).

Im Anschluss an die Promotion war sie bis Mitte der 80er Jahre an der Universität beschäftigt, wurde jedoch, wie sie es rückblickend bewertet, „in der Lehre verheizt" (A: 107f.) und dadurch in ihrer Absicht zu habilitieren erfolgreich behindert. Diese Erfahrungen führten sie Mitte der 80er Jahre durch erste Kontakte mit der universitären Frauenbewegung in das Amt der universitären Frauenbeauftragten. In den Jahren danach ist sie in verschiedenen frauenpolitischen Netzwerken und Einrichtungen der Frauen- und Gleichstellungspolitik aktiv.

Anders, wenn auch mit einer ähnlichen Verbindung des frauen- und hochschulpolitischen Engagements, verlief der Werdegang der zweiten Spitzenfrau aus dieser Gruppe. Da sie während ihrer Abschlussprüfungen durch besondere Leistungen auffiel, wurde ihr eine Assistentinnenstelle an ihrer Universität angeboten. Ausgehend von ihren Aktivitäten in der Assistent/innenbewegung führte sie ihr hochschulpolitisches Engagement zu einer fachlichen Umorientierung. Zunächst vorwiegend mit Planungstätigkeiten im Rahmen von Studien- und Hochschulreformen der 70er Jahre beschäftigt, dauert es Jahre bis zur Promotion. Die Professur wird erst spät in den 1980er Jahren erreicht.

2.2 Zur Generierung von Anerkennung

Insgesamt verweist der Überblick über die Werdegänge der Cross-over-Wissenschaftlerinnen aus den vier Gruppen auf die je unterschiedlichen Bedingungen, auf die sie im wissenschaftlichen Feld treffen. Die Zeit, die jeweilige gesellschaftlich-historische und hochschulpolitische Situation der 1970er bis in die 1990er Jahre und die darin liegenden Gelegenheitsstrukturen sind für sie entscheidende Faktoren, die ihre jeweiligen Chancen und Karrierewege beeinflussen und unterschiedliche Karrieremuster hervorbringen.

Als besonders bedeutsam für die Rekrutierung in Positionen inner- und außerhalb der Wissenschaft halten wir die folgenden zwei Aspekte wissenschaftlicher Anerkennung, die auf dem Weg bis zur Professur immer wieder auftauchen:

- die Bedeutung von „Fürsprache" bzw. Unterstützung durch in der Wissenschaft nahe stehende Personen sowie
- das Phänomen, „durch etwas Besonderes aufgefallen" zu sein.

Genau genommen sind beide Aspekte Formen einer besonderen Anerkennung, die im wissenschaftlichen Feld erworben bzw. zugeschrieben wird. Die Anerkennung wird in den Begründungen plausibilisiert und in gewisser Weise objektiviert:

- Erstens durch eine besondere Anerkennung durch eine Person, die die entsprechende Autorität besitzt, die wissenschaftliche Leistung zu bewerten und dadurch diese Anerkennung zu gewähren, und
- zweitens durch eine beschreibbare Idee, einen Beitrag oder Leistung, die relativ unabhängig von der Würdigung einer Einzelperson eine besondere Hervorhebung der Person legitimiert.

Fehlt die die Leistung anerkennende Instanz und das kann z.B. der Doktorvater als Mentor sein, der der Mentee behilflich ist, die Anerkennung durch andere objektivierende Instanzen (wie die Scientific Community) zu erreichen, ist es wahrscheinlich – so wie die Prozesse der Zuschreibung von Anerkennung im wissenschaftlichen Feld funktionieren –, dass eine Leistung ‚unentdeckt' bleibt und keine Anerkennung findet. Solche Fälle von fehlender bzw. auch von verweigerter Anerkennung finden sich in den Werdegängen der für diese Untersuchung ausgewählten Gruppe von Spitzenfrauen ebenfalls, insbesondere bei den Naturwissenschaftlerinnen. Daher werden im Folgenden beide Seiten der Zuschreibungsprozesse betrachtet: Die gewährte und die verweigerte Anerkennung.

Die persönliche Förderung durch ihnen in der Wissenschaft nahe stehende Personen – Beziehungen, die von den Interviewpartnerinnen z.T. explizit als Mentorenschaft bezeichnet werden – erfolgt in erster Linie durch ihre Doktorväter oder vorgesetzte Professoren. In der Bezeichnung der sie fördernden Beziehungen als Mentoren nehmen unsere Interviewpartnerinnen zum Teil den Diskurs um die Bedeutung des Mentoring als aktuellen Trend der Frauenförderung auf (vgl. z.B. Roloff 2002, Höppel 2000). Das Mentoring wird so auch zu einer rückblickenden Interpretationsfolie für die eigenen wissenschaftlichen Werdegänge, worin sich die tatsächliche Bedeutung solcher Beziehungen für die Karriereentwicklung im Wissenschaftsbetrieb zu bestätigen scheint. Dabei ist die Unterstützung neben der generellen Bestärkung und der besonderen Anerkennung für die wissenschaftliche Arbeit, die in diesen Beziehungen ausgedrückt wird, auf den unterschiedlichsten Ebenen wirksam.

> „Also der Professor X war sozusagen jemand (...) der – kann man so sagen – mich entdeckt hat, ja. Also man braucht dann ja auch so eine Person, die einem signalisiert: Ja das ist irgendwie toll, was du machst (...). Wir hatten auch sehr viele Auseinandersetzungen, aber andererseits würde ich schon sagen, war er mein Mentor. Also der war zu DDR-Zeiten ja doch schon sehr herausgehoben, war immer auf irgendwelchen internationalen Kongressen und im Unterschied zu vielen anderen hat der die Informationen auch mitgebracht. Also zum Beispiel hatte ich da (...) keine Probleme Westliteratur zu lesen, was in anderen Bereichen schon problematisch war" (K: 841-865).

Das Mentorenverhältnis umfasst hier nicht nur die besondere Anerkennung und Bestätigung, die aus diesem Verhältnis gewonnen wird, sondern auch einen Zugang zu wichtigen für die wissenschaftliche Weiterentwicklung förderlichen Ressourcen, über die nicht selbstverständlich von allen verfügt werden kann.

In einem anderen Fall umfasst diese Förderung auch die Auseinandersetzung mit dem Wechselverhältnis von Wissenschaft und Politik, ein Mentoring in Bezug auf ein zu leistendes Cross over von der Wissenschaft in die Politik.

> „Da [im Jahr Y als X Minister wurde] war ich schon seine Assistentin (...) und wir haben das besprochen. Ich hab dann seinen Platz gehalten, also sein Zimmer (lacht). Wir haben (...)diese Stadien (...) gemeinsam besprochen" (D: 456-464).

Der Wechsel von der Wissenschaft in die Politik, der von diesem Mentor geleistet wird, wiederholt sich später im Werdegang der Interviewten. Genauso wie er als Minister wird sie später von der Professur in ein solches Amt wechseln.

Von besonderer Relevanz ist weiterhin eine aufgeschlossene und fördernde Haltung solcher Mentoren gegenüber ‚Frauen in der Wissenschaft'. Insbesondere zeichnet sich dies in den wissenschaftlichen Werdegängen der Wissenschaftlerinnen aus den mathematisch-naturwissenschaftlichen Fächern ab.

> „Ich war fast immer (...) einzige Frau in, also ganz wenige Frauen waren da an der TH. (...). Mein Chef oder mein Doktorvater der war o.k., da gab es überhaupt nichts. Also in der Anerkennung war der ein toller Mann" (F: 779-783).

> „Was mein Doktorvater eigentlich immer gerne wollte, der wollte, dass ich mich habilitiere. Und dass ich da irgendwie bleibe" (F: 830-832).

> „Bis zum Ende habe ich hervorragenden Kontakt mit ihm gehabt. Und wenn alle so sich gegenüber Frauen verhalten würden, wie (...mein) Chef (...), hätte es schon früher viel mehr Frauen an Hochschulen gegeben" (F: 889-892).

Es müssen nicht nur Doktorväter sein, die eine solche Funktion als in der Wissenschaft fördernde Bezugsperson einnehmen. Zum Teil sind es Frauen, die älter oder weiter in der wissenschaftlichen Karriereentwicklung sind, die wichtige, die Karriere befördernde Positionen einnehmen können, dadurch dass sie im selben oder einem verwandten Fachgebiet tätig sind, dort bereits verankert sind und die Anerkennung der fachlichen Scientific Community genießen.

Der zweite Aspekt, der zu wissenschaftlicher Anerkennung führt, das ‚Auffallen durch besondere oder ungewöhnliche bzw. hervorragende Leistungen', ereignet sich ebenfalls in den Phasen vor der Professur. Zum Teil sind es herausragende Prüfungsergebnisse zum Ende des Studiums, die die ersten Schritte in den wissenschaftlichen Mittelbau ebnen oder eine besonders ausgezeichnete Promotion, die den weiteren Weg in der Wissenschaft vorzeichnet.

In einem weiteren Fall vermischen sich beide Aspekte – die Anerkennung einer besonderen Leistung mit einer daraus auch resultierenden besonderen Unterstützung durch einen der Professoren. An diesem Beispiel kann verdeutlicht werden, dass eine Karriere durch das Vorliegen beider Voraussetzungen im Prozess der Anerkennungszuschreibung erst erzeugt bzw. hervorgerufen werden kann. Die Karriereentwicklung erscheint dann wie losgelöst oder unabhängig von den Motiven der Akteurin.

> „Und alles Übrige ist mir immer angeboten worden. Meine Doktorarbeit ist mir aufgezwungen worden sozusagen. Weil einer von diesen Profs, mit dem ich immer streitig Notstandsgesetzgebung diskutierte, der meinte – nachdem ich so ein gutes Examen gemacht hatte – (...) ich sollte bei ihm promovieren. Ich sagte: Na wenn er will, promoviere ich eben" (E: 751-757).

Dass aktive Karriereinteressen oder ein Karrierestreben von unseren Interviewpartnerinnen für das Erreichen wissenschaftlicher Positionen – mit Ausnahmen – kaum geäußert werden, entspricht einem Muster der Selbstdarstellung, das auch Angelika Wetterer in einer Studie über den Berufsweg und das Selbstverständnis von Wissenschaftlerinnen identifiziert hat. Wetterer interpretiert dies als eine Strategie der Wissenschaftlerinnen, eine Kohärenz zu ihren Aussagen herzustellen, sich nicht als Ausnahme oder als diskriminiert im Wissenschaftssystem zu empfinden. Gleichzeitig ziele es darauf, ein Selbstbild zu präsentieren, das sich von dem Bild einer männlich identifizierten Karrierefrau abgrenzt. Denn eine solche müsse u.a. über ein immenses Durchsetzungsvermögen, Leistungsorientierung, physische und psychische Stärke, Selbstdisziplin, Ehrgeiz, Kampfbereitschaft und die Fähigkeit verfügen, von eigenen Bedürfnissen abzusehen um in der Wissenschaft erfolgreich sein zu können (vgl. Wetterer 1985). Solche Eigenschaften werden in den Interviews nicht besonders zum Ausdruck gebracht. Auch die Tatsache, dass Wissenschaft mit harter Arbeit und Mühe verbunden ist, wird in den Interviews praktisch nicht erwähnt. Dies wird möglicherweise dadurch unterstützt, dass die wissenschaftliche Tätigkeit in der Blickrichtung der Interviews vorwiegend aus der Perspektive der Politik betrachtet wird. In Abgrenzung zur Wissenschaft wird die Politik als besonders arbeitsreich und zeitaufwendig beschrieben. Dabei ist der Arbeitsaufwand durch eine besondere Fremdbestimmtheit gekennzeichnet, die sich insbesondere darin äußert, dass über den eigenen Terminplan nicht mehr selbst verfügt werden kann.

Dass Wissenschaft harte Arbeit ist, wird in den Interviews durchaus thematisiert – und zwar in Fällen verweigerter wissenschaftlicher Anerkennung. Dafür stehen insbesondere die Werdegänge zweier Naturwissenschaftlerinnen in der Untersuchungsgruppe.

Neben den auffallenden wissenschaftlichen Leistungen, die besondere Anerkennung generieren und Aufmerksamkeit erzeugen, werden auch hochschulpolitische Aktivitäten sowie die Übernahme von Selbstverwaltungsaufgaben und Leitungspositionen in Hochschulen zu wichtigen Faktoren für den weiteren Aufstieg der Spitzenfrauen.

2.3 Wege in die Leitungspositionen der Hochschule

Nach der ersten Berufung differenzieren sich die universitären Karriereverläufe deutlich aus, mit wenig Kongruenzen innerhalb der oben skizzierten vier Gruppen. Die Gemeinsamkeit, durch die sich die Gesamtgruppe der insgesamt zehn interviewten Frauen auszeichnet, besteht darin, dass alle Leitungspositionen innerhalb hochschulpolitischer oder universitärer Funktionen durchlaufen haben. Fünf von ihnen sind Vizepräsidentin oder Prorektorin einer Hochschule (gewesen). Eine von diesen fünf wurde Präsidentin und eine andere Rektorin ihrer Hochschule. Von den anderen vier waren zwei Dekaninnen und mit der Leitung von Forschungszentren betraut, die anderen zwei von diesen vier Interviewten hatten Leitungspositionen in anderen hochschulpolitischen Gremien und Einrichtungen inne. Eine wurde mehrfach als Vizepräsidentin vorgeschlagen, ohne diese Position je zu übernehmen.

Drei von insgesamt zehn für diese Untersuchung ausgewählten Frauen mit Herkunft aus der DDR steigen nach der Wende in den 1990er Jahren ein bis vier Jahre nach ihrer Berufung in universitäre Leitungspositionen auf. Die Frauen aus dem Westen übernahmen die universitären Leitungspositionen mehrheitlich acht bis neun Jahre nach ihrer ersten Berufung, in einem Fall nach fünf Jahren.

Die Frauen mit Herkunft aus der BRD gehören zu den ersten, die an westdeutschen Hochschulen seit Mitte der 1980er Jahre Leitungspositionen einnahmen. Den geringen Anteil von Frauen im Amt der (Pro-)Rektorin bzw. (Vize-)Präsidentin zu dieser Zeit in der westlichen Bundesrepublik und wie er sich in den 1990er Jahren veränderte, verdeutlicht die folgende Tabelle.[55]

Anteil von Frauen in Leitungspositionen der (Fach-)Hochschulen				
	1985	1993	1997	2001
Anzahl der Hochschulen	161	283	313	328
Rektorinnen/ Präsidentinnen	2	11	16	25
Prorektorinnen/ Vizepräsidentinnen	5	28	63	74

In der Regel beruhte die Nominierung als Vizepräsidentin oder die Berufung auf andere universitäre Leitungspositionen auf dem besonderen hochschulpolitischen Engagement der Interviewten und geht z.T. auch mit hochschul- bzw. parteipolitischen oder gewerkschaftlichen Aktivitäten einher, wie sie sich in Folge der 1968er Studentenbewegung an der westdeutschen Gruppenuniversität entwickelt haben (vgl. z.B. Keller 2000). Die für die Cross-over-Positionen charakteristische Doppelbindung sowohl in hochschul- bzw. parteipolitische als auch in wissenschaftliche Organisationen ist damit vor der Übernahme der ersten universitären Leitungspositionen angelegt.

Die Wege ins Amt der (Vize-)Präsidentin oder (Pro-)Rektorin einer Hochschule unterscheiden sich nach der Dauer der Amtsausübung. Diese variiert zwischen wenigen Wochen und zehn Jahren, wobei gerade bei den sehr kurzen Amtszeiten die Position i.d.R. zugunsten eines höheren politischen Amtes außerhalb der Hochschule abgegeben wurde.

Über die Motivationen für die Amtsübernahme gibt es in den Darstellungen der Interviewpartnerinnen unterschiedliche Äußerungen. Von Ausnahmen abgesehen überwiegt aber die Darstellung, dass Kandidaturen für das Amt von außen herangetragen wurden, ohne sich selbst aktiv darum bemüht zu haben:

> „Ich war (...) in eine sog. Reformgruppe (...) gegangen, die sich für Hochschulpolitik interessierten. Und habe da sporadisch teilgenommen. Da gibt es dann immer eine Findungskommission, wer wird Vizepräsidentin, Vizepräsident.

---

55 Die Zahlenangaben zu 1985 gelten nur für die alten Bundesländer. Im Jahr 1985 hatten 1,2 % der Hochschulen eine Rektorin / Präsidentin (abs.: 2), im Jahr 2001 waren es 7,7 % der Hochschulen (1993: 3,9 %, 1997: 5,1 %). Eine Prorektorin / Vizepräsidentin hatten 1985 3,1 % der Hochschulen (abs.: 5), im Jahr 2001 waren es 22,6 % der Hochschulen (1993: 9,9 %, 1997: 20,7 %). Quelle: Daten für 1985 bis 1997: Roloff 1998, Daten für 2001: BLK 2002.

Und die hatten mich ausgeguckt. Die Gründe weiß ich nicht" (E: 932-941).

Während hier die Gründe für die Nominierung offen bleiben, hat eine andere das Amt der Vizepräsidentin angestrebt. In diesem Beispiel lässt sich der Weg in das Amt auf kontinuierlich verfolgte hochschulpolitische Interessen und Aktivitäten, vor allem auf ein fachliches Interesse an Hochschul- und Studienreformen zurückführen. Diese Akteurin übernimmt Anfang der 80er Jahre die Leitung eines (einschlägigen) Forschungszentrums. Diese Leitungsposition mündet für sie, zu einem bestimmten Zeitpunkt, auch in die Vizepräsidentschaft der Hochschule:

> „(Das war) auch für mich die Zeit, wo ich (...) durch Frauenpolitik dieses Amt bekommen habe. Also nicht meine XY-Liste, auf der ich immer kandidiert habe, hat mich (...) vorgeschlagen, sondern Studentinnen, die kamen zu mir und haben gesagt, wir wollen dich als Vizepräsidentin vorschlagen. (...) Dann habe ich gesagt, ich kann das nicht machen. Ich bin XY-Mitglied, ich bin auf der XY-Liste, ich kann doch nicht gegen meine Liste [kandidieren]. Und dann haben sie gesagt, dann reden wir mit XY (...). Und die XY-Männer waren alle etwas verdutzt und haben mir das gar nicht zugetraut, haben gesagt: Was die B Vizepräsidentin (...)? Und so haben aber die Studentinnen das durchgesetzt. Und plötzlich wurde ich eine Vizepräsidentin, die unheimlich viel Aufmerksamkeit auf sich gezogen hat." (B: 1238-1257).

Die durch dieses Amt erlangte öffentliche Aufmerksamkeit befördert zugleich die Sichtbarkeit ihrer frauenpolitischen Ziele an der Hochschule. Gleichzeitig kann anhand der Beschreibung des Nominierungsprozedere durch Studentinnen beispielhaft das Hinzutreten von Frauen als neue Akteurinnen in der Hochschule verdeutlicht werden. Diese Entwicklung steht in Zusammenhang mit universitären Aktivitäten der Frauenbewegung, die u. a. auch zur Institutionalisierung des Amts der Frauenbeauftragten in den 80er Jahren an den westdeutschen Hochschulen führte.

An diesem Beispiel wird auch deutlich, dass die Anerkennung für hochschulpolitische Aktivitäten – anders als die wissenschaftliche Anerkennung (vgl. III.2.2 sowie II.3.1) – nicht nur in der Beziehung zu höheren oder gleichgestellten Hierarchieebenen des wissenschaftlichen Feldes gewährt und zugeschrieben wird, sondern auch durch die Studierenden vermittelt sein kann. In anderen Interviews finden sich ebenfalls Hinweise auf den besonderen Einsatz von Studierenden. Dieses Engagement von Studierenden bezieht sich z.B. neben dem Einsatz einer Nominierung für eine Leitungsposition auch auf die Verleihung einer hohen Auszeichnung für ein besonderes gesellschaftspolitisches Engagement bzw. darauf, dass eine Professorin in ein politikberatendes Expertengremium berufen wird.

Die oben beschriebene Akteurin nutzt die Amtszeit als Vizepräsidentin auch für frauenpolitische Initiativen. Dies erbrachte ihr eine zusätzliche Aufmerksamkeit und Sichtbarkeit, was für sie einen Ausgangspunkt für neue Einbindungen in überuniversitäre frauen-/ gleichstellungspolitische Netzwerke zwischen Wissenschaftlerinnen und Politikerinnen bildete.

Die Aufmerksamkeit anderer hochschulpolitischer Akteur/innen erlangte eine andere der Interviewten, indem sie durch einen „kämpferischen Einsatz" für die Forschungsinteressen der (eigenen) Hochschule auffiel; dieses führte später zu ihrer Ernennung als Prorektorin:

> „weil ich mich (...) immer auch hochschulpolitisch (...) interessiert habe. Ich war (...) nicht einfach im stillen Eckchen Professorin, sondern habe da (...) mitgemischt, da wird man dann automatisch gefragt. Ich habe immer gekämpft, auch um Gelder und Projekte (...). Und dann haben die sich (...) gesagt, wenn die so kämpfen kann, dann kann die das auch für uns in der Zentrale [Rektorat] machen. Und [da] ist einer, der als Rektor kandidiert hat (...) gekommen und wollte, dass ich (...) mit ihm ins Rektorat reingehe" (F: 1045-1059).

Eine ausgeprägte politische Orientierung kennzeichnet den akademischen Werdegang einer weiteren Professorin, deren hochschulpolitisches Engagement sich seit Jahren auf die Etablierung der Frauenforschung in der Bundesrepublik konzentrierte. Die Organisation von Konferenzen verhalf ihr zu einer Bekanntheit, durch die sie Mitte der 1990er für eine hohe politische Position ins Gespräch kam. Darüber hinaus war sie in der universitären Selbstverwaltung aktiv. Auch ihr wurde nahe gelegt, als Vizepräsidentin ihrer Hochschule zu kandidieren. Sie lehnte dies jedoch ab bzw. war froh, dass äußere Umstände dies unmöglich machen. Ihr Verhalten während eines Studierendenstreiks, in dem sie eine heikle Situation souverän auflöste, beschreibt sie als Auslöser für dieses Angebot, da dies den guten Ruf, den sie in ihrer Hochschule genossen habe, gestützt habe.

Den Weg einer anderen Spitzenfrau durchzieht eine enge Verbindung von parteipolitischen, hochschulpolitischen und wissenschaftlichen Aktivitäten. Während ihrer Zeit als wissenschaftliche Assistentin war sie an der Entstehung hochschulpolitischer Gesetzesentwürfe beteiligt. Ihr in dieser Zeit stärker nach außen gerichtetes wissenschaftspolitisches Interesse verlagerte sie dann nach eigener Aussage während ihrer Professorinnen-Zeit nach innen, in die Hochschule hinein (D: 56-58). Sie wurde Dekanin (Pro- und Prädekanin) ihrer Fakultät und entwickelte in dieser Zeit Projekte der interdisziplinären Zusammenarbeit zwischen Sozial- und Naturwissenschaftler/innen. Daraus entstand die Idee eines interdisziplinären Forschungszentrums, dessen Realisierung ihr mit Hilfe des Ministeriums gelang. Sie wurde für ein Jahr in das Landesministerium abgeordnet und schließlich mit der Leitung des von ihr geplanten Zentrums betraut.

Sind es Ende der 1960er und Anfang der 1970er Jahre oft politisch motivierte Ideen, die in einem Engagement in der 1968er-Bewegung und in deren Folge der Studentinnen- und Frauenbewegung begründet liegen, so schlagen sich in den Nominierungen und erfolgreichen Kandidaturen für die universitären Leitungsämter immer auch je aktuelle hochschul- und forschungspolitische Entwicklungen nieder. Die von uns befragten Spitzenfrauen nutzen solche Gelegenheitsstrukturen für neue Projektideen und hochschulpolitische Ziele. Als etwas Besonderes oder durch eine besondere Idee Aufmerksamkeit zu erlangen, ist ein oft genanntes Motiv in den Beschreibungen dieser hochschulischen Werdegänge. Die Idee für ein besonderes Projekt, aber auch das Engagement mit dem an der Realisierung eines Ziels gearbeitet wird, wird als ein zentraler Faktor für den Aufstieg in Leitungspositionen beschrieben. In anderen Zusammenhängen ist es das Auffallen durch ein besonders souveränes oder auch als kämpferisch beschriebenes Auftreten, das als Begründung für eine besondere Anerkennung angeführt wird. Sie führt dazu, dass ihnen herausgehobene Positionen angetragen werden. Generell lässt sich aus diesen Aussagen der Akteurinnen ableiten, dass ihr besonderes hochschulpolitisches Engagement einen zentralen Faktor für den Aufstieg in die universitären Leitungspositionen darstellt.

Dies gilt auch für die nach dem gesellschaftspolitischen Systemwechsel (1989/90) berufenen Professorinnen, deren Karrierewege bis dahin in Hochschul- und Forschungseinrichtungen der DDR verlaufen sind, obgleich sie auf für sie ganz andere hochschulpolitische Rahmenbedingungen und entsprechende Gelegenheitsstrukturen treffen. Für alle drei Professorinnen, die ihre wissenschaftliche Karriere in der DDR begonnen haben, insbesondere aber für die beiden Naturwissenschaftlerinnen, die später auch Rektorinnen/ Präsidentinnen ihrer Hochschulen werden, bildete der politische Wechsel eine besondere Zäsur. Der Wechsel leitete neue Möglichkeiten ein, auf Professuren berufen zu werden und wird insgesamt als Aufbruchssituation erlebt, als eine z.T. immense Erweiterung der bisherigen Handlungsspielräume.

> „1989. Einfach die Möglichkeit, dass man jetzt gestalten (...), dass man plötzlich gesellschaftliche Prozesse wirklich beeinflussen konnte. Und nicht in der dritten Linie nur immer sozusagen sich seine Freiräume schafft im wissenschaftlichen Bereich, sondern, dass man Strukturen verändern konnte. Das war ja diese Aufbruchssituation" (L: 60-64).

Daraus resultieren z.B. politische Engagements in den neuen Bürger/innenbewegungen bzw. in kommunalen Parlamenten. Für eine andere war die Wende der Anlass, ein politisches Engagement in der akademischen Selbstverwaltung zu entwickeln.

> „Für mich hat sich durch die Wende die Möglichkeit ergeben, erst einmal das alte System unumkehrbar zu verändern. Und das habe ich in erster Linie an der Universität, also an der Hochschule getan, indem ich dort in Fakultätsräten, im Senat mitgearbeitet habe" (H: 254-258).

In diesem Beispiel einer Transformationskarriere führte das hochschulpolitische Engagement in das Amt der Rektorin/ Präsidentin. Daneben betreibt sie erfolgreich die Integration der eigenen Forschungen in die Forschungsförderungssysteme der Bundesrepublik. Durch Gutachterinnentätigkeiten für wissenschaftliche Programme wird das wissenschaftliche Prestige ausgebaut. Die hierdurch erlangte Sichtbarkeit und Bekanntheit führt für sie auch in bedeutende überregionale wissenschaftspolitische Gremien und Organisationen.

Anhand einer solchen Transformationskarriere kann beispielhaft nachvollzogen werden, wie die verschiedenen Formen des kulturellen Kapitals – das wissenschaftliche Prestige aufgrund von Forschungsleistungen und Gutachtertätigkeiten, die Positionen universitärer Macht (Dekanin, Rektorin) sowie wissenschaftlicher Macht (überregionale Gremien des Machtfeldes) – in einer zeitlich beschleunigten Art angeeignet werden. Dabei bildet das in der DDR bereits erworbene wissenschaftliche Prestige als Forscherin[56] die Basis, um es im Transformationsprozess der 1990er Jahre durch die verschiedenen hochschul- und wissenschaftspolitischen Ämter in das universitäre und wissenschaftliche Machtkapital umzumünzen.[57]

Gemeinsam für Ost- und Westkarrieren zur Rekrutierung der Professorinnen für universitäre Leitungsfunktionen lassen sich drei Ergebnisse festhalten:

---

56 Nicht als Inhaberin von Machtpositionen in DDR-Hochschulen und Wissenschaftsorganisationen. Letzteres konnte sich beim Systemwechsel aufgrund attestierter politischer Vorbelastetheit wegen der Ausübung einer Leitungsfunktion im früheren System auf die Fortsetzung von Wissenschaftskarrieren (auch) negativ auswirken.

57 In dem Zusammenhang ist auf ein Ergebnis aus der empirischen Elitenforschung hinzuweisen, das von einem sehr hohen Elitenaustausch von bis zu 90 % bei den politischen Eliten in den neuen Bundesländern ausgeht (vgl. Ettrich/ Utz 2002). Aufgrund dessen wird in der Forschungsliteratur auch eine Transitionsthese (gegenüber einer Reproduktionsthese, d.h. der Erneuerung der Eliten aus denselben Gruppen) vertreten. Die Nach-Wende-Elite stammt überwiegend aus den technokratischen und kulturellen Sektoren des DDR-Systems. Ihre Berufskarrieren wurden vor 1989 eher von der fachlichen Qualifikation als dem politischen Engagement geprägt, was sich neben der sektoralen Verortung und dem Nicht-Elitenstatus von 1989 auch an der Ausrichtung der fachlichen Qualifikation (Natur- und Technikwissenschaften, Geisteswissenschaften, Journalistik, Theologie) ablesen lässt. Der Frauenanteil liegt bei 30 Prozent und ist damit sechsmal höher als in der DDR-Elite. Das Durchschnittsalter der ostdeutschen Elitenmitglieder liegt Mitte der 90er Jahre bei 47 Jahren, 15 Jahre unter dem Durchschnittsalter der DDR-Elite (Welzel 1997, zitiert nach Ettrich/Utz 2002: 401).

- Aus engagierten, von anderen Mitstreiter/innen aufgegriffenen oder durch sie beförderten Ideen entwickelt sich die Anerkennung, die in höhere Ämter innerhalb der Hochschule führt.
- Die durch frauen-, verbands- und parteipolitisches Engagement gewonnene Anerkennung innerhalb der Hochschulen führt zusammen mit der wissenschaftlichen Anerkennung zu einer Sichtbarkeit, die ein zentraler Ausgangspunkt für den weiteren Karriereweg in dem Raum zwischen Wissenschaft und Politik darstellt.
- Dabei kann die für die Cross-over-Positionen charakteristische Doppelbindung an hochschul- bzw. parteipolitische und wissenschaftliche Organisationszusammenhänge graduell unterschiedlich für je eine der beiden Seiten ausgeprägt sein.

3. Wissenschaftlerinnen als Akteurinnen im wissenschaftspolitischen Machtfeld

Über die beschriebenen Positionen in den Hochschulen (vgl. III.2.) hinausgehend, sind alle 10 Interviewten in den weiteren Karriereverläufen in Organisationen und Gremien des Machtfeldes der wissenschaftspolitischen Steuerung aktiv geworden. Hierzu zählen u.a. Mitgliedschaften in Beiräten von Forschungszentren, Tätigkeiten als Gutachterin für verschiedene Einrichtungen (z.B. EU, DFG, Stiftungen) und auch in politikberatenden Ausschüssen und Gremien von Parteien. Außerdem werden Mitgliedschaften bis hin zu Leitungspositionen in Kommissionen, Kuratorien, Aufsichtsräten, Beiräten und Ausschüssen von den befragten Wissenschaftlerinnen genannt und z.T. ausführlich beschrieben.

Insoweit verfügt die Expertinnengruppe neben dem wissenschaftlichen Prestige, das sie aufgrund ihrer Professur, Forschungs- und Publikationstätigkeiten erworben hat, auch über ein vielfältig zusammengesetztes Kapital an universitärer und wissenschaftlicher Macht.

Entlang der Zusammensetzung ihres kulturellen Kapitals lässt sich die Gruppe der zehn interviewten Expertinnen wie folgt einteilen:

- Vier waren für eine bestimmte Zeit formale Mitglieder in überregionalen Organisationen wie dem Wissenschaftsrat oder der Hochschulrektorenkonferenz. Weitere sechs verfügen über Erfahrungen aus der Mitgliedschaft und Mitarbeit in neuen Steuerungsgremien der Hochschulstrukturreform der

1990er Jahre, wie den Hochschulstrukturkommissionen auf Landesebene oder in den neuen Aufsichtsgremien (Landeshochschulräte, Kuratorien, Evaluations- und Akkreditierungsgremien). Bei einigen reichen die Erfahrungen in die ‚erste' Hochschulreform der 1970er Jahre in der BRD zurück.
- Weitere vier konzentrierten ihre Aktivitäten auf die Wissenschafts- und Forschungsförderung, darunter drei mit expliziten Zielstellungen im Bereich der Gleichstellungspolitik, insbesondere der Karriereförderung von Frauen in der Wissenschaft, aber auch in Politik und Wirtschaft.
- Fünf Expertinnen repräsentieren administrative Positionen (Ministerin, Staatssekretärin). Die damit verbundenen Ressourcen überspannen das wissenschaftliche Feld (kulturelles Kapital) und das politische Feld, insbesondere der Wissenschafts- und Hochschulpolitik (politisches Kapital).

3.1   Die Erste oder die Einzige. Im Spannungsfeld zwischen Pionierin, anerkannter Expertin und Legitimationsfrau

Unsere Interviewpartnerinnen haben ihre Werdegänge in der Wissenschaft in einer Zeit begonnen als Frauen noch einen ausgesprochenen Ausnahmestatus in der Wissenschaft hatten. Die sechs Wissenschaftlerinnen, die in der alten Bundesrepublik zwischen 1972 und 1988 auf Professuren berufen wurden, sowie die drei Wissenschaftlerinnen aus der DDR, deren Berufung Anfang der 90er Jahre erfolgte, nehmen insofern bereits eine Ausnahmeposition in der Wissenschaft ein, als der Frauenanteil an den Professuren bis 1990 bei ca. 5-6 % lag und erst seit 1990 einen Anstieg auf inzwischen 11 % (2001)[58] aufweist. Noch deutlicher zeigt sich dies bei einem Blick auf die von ihnen übernommenen universitären Leitungspositionen, politischen Funktionen sowie ihren Tätigkeiten in verschiedenen Expert/innengremien. Hier nehmen sie häufig einen Pionierinnenstatus ein, der sich in ihren Aussagen deutlich niederschlägt.

Der Ausnahmestatus ist insbesondere für die Naturwissenschaftlerinnen bereits während des Studiums Realität, wird jedoch nicht unbedingt problematisch erlebt.

> „Dann kam ich an eine Technische Hochschule, eine [Südeuropäerin], die erste [Südeuropäerin], die nach dem Krieg überhaupt nach [Ort] kam. Und eben fünfziger Jahre eine ziemlich biedere Republik. Und diese Technische Hochschule, lauter (...) Opas, die da unterrichteten. Vielleicht waren sie nicht so alt, aber mit (...) einer Vorstellung von einer Frau [lacht] von einer [Südeuropäerin]

---

58   Quelle: Statistisches Bundesamt, Pressemitteilung vom 12.07.2002

auch noch. Also, das war klar eine Männergesellschaft. Es war wirklich (...) kaum eine einzige Frau da, also in unserer Fakultät sowieso gar keine Assistentin, (...) Professorin sowieso nicht, (...) kein Mittelbau, keine wissenschaftliche Mitarbeiterin, nichts" (B: 455-465).

„Ich war fast immer (...die) einzige Frau (...), also ganz wenige Frauen waren da an der TH. Und da hatte ich (...) keine großen Schwierigkeiten" (F: 779-781).

Die erste oder die einzige Frau in einer bestimmen Position oder Funktion in der Bundesrepublik gewesen zu sein, trifft für die Mehrzahl unserer Interviewpartnerinnen zu. Neben den ersten Vizepräsidentinnen und Prorektorinnen, nehmen sie auch auf den darunter liegenden Fachbereichsebenen Pionierinnenfunktionen ein:

„Ich war die erste weibliche Dekanin an [Hochschulform]" (D: 682f.).

„Ich war die erste weibliche Dekanin einer Fakultät für [spezifische Fachbezeichnung] der Bundesrepublik" (H: 258f.).

„Ich war Dekanin, die erste frei gewählte Dekanin und damals noch der großen [fachwissenschaftlichen] Fakultät" (K: 682f.).

Diese Situation setzt sich auf der Ebene überregionaler Wissenschaftsinstitutionen und -organisationen sowie verschiedener Expert/innengremien, wie z.B. den Hochschulstrukturkommissionen fort.

„Im Senat [einer überregionalen Wissenschaftsorganisation] war ich, glaube [ich,] die einzige zu dem Zeitpunkt, bei 50, 60 Männern" (L: 1266f.).

„In der ersten Kommission war ich, glaube ich, die einzige Frau. Na ja, die Frauenbeauftragten waren immer auch qua Amt dabei (...). In beiden Kommissionen in [Bundesland] und jetzt in [Bundesland] bin ich die einzige, aber dort bin ich – habe ich hinterher erfahren – durch Frauenbeauftragte reingekommen. Die haben eine Gruppe gebildet nur aus Auswärtigen, die eben dieses neue (...) Strukturmodell (...) in der [Hochschule] prüfen soll. Und da haben sie Auswärtige berufen und hatten keine Frau drin. Und dann hat die Frauenbeauftragte gesagt, aber es muss eine Frau sein und dann hat sie mich, glaube ich, sogar namentlich vorgeschlagen. Da haben sie mich gefragt" (B: 1473-1485).

„Ich hab nie recherchiert, wie die auf mich gekommen sind. Aber ich denke, sie hatten den [Person] als Chef von dieser Kommission gefragt (...), wen man so beiziehen könnte, und ich war auch (...) die einzige Frau dort" (L: 1234-1238).

Hinsichtlich der besonderen Situation an den Hochschulen in den Neuen Bundesländern verringert sich die Anzahl für bestimmte Positionen geeigneter bzw. wahrgenommener Frauen zusätzlich.

> „Und dann wollten sie wahrscheinlich jemand haben, der die Verhältnisse in den neuen Bundesländern kennt. Und da gibt es nicht viele. Da war ich eigentlich die einzige. Es gibt keine andere im Osten" (L: 1164-1167).

Unsere Interviewpartnerinnen weisen ohne Ausnahme eine besondere Sensibilität bzw. Aufmerksamkeit für geschlechterpolitische Fragestellungen bzw. für das Problem der geringen Repräsentanz von Frauen in der Wissenschaft im Allgemeinen sowie in hochschul- und wissenschaftspolitischen Leistungspositionen im Besonderen auf. Sie agieren mit unterschiedlichem Hintergrund auf frauenpolitischer Ebene, indem sie sich selbst (mehr oder weniger direkt) für die Förderung von Frauen einsetzen, indem sie z.B. andere Frauen für Funktionen in bestimmten Gremien oder Positionen vorschlagen. Einige nutzen ihre Ausnahme- oder Minderheitenposition auch, um frauen- bzw. geschlechterpolitische Fragestellungen zu thematisieren und politische Veränderungen zu erreichen.

> „Mit [Person] zusammen – wir waren die einzigen Frauen – haben wir dem Präsidenten einen Brief geschrieben und haben gesagt, was man zur Frauenförderung in deutschen Hochschulen alles machen müsste – ich glaube fünf Punkte hatten wir – und was [die überregionale wissenschaftspolitische Organisation] alles in Gang bringen muss. [Die Organisation] hat dann eine Kommission gebildet, die über die Situation von Frauen in Hochschulen gearbeitet hat und eine Empfehlung für die Hochschulen entwickelt. Das haben wir sozusagen in Gang gebracht" (B: 1342-1351).

In einem Fall wird auch die eigene Übernahme eines politischen Amtes als frauenpolitischer Einsatz begründet.

> „Also, zur Pionierrolle noch mal, das war für mich ausschlaggebend, ob ich dieses Angebot annehmen sollte ins Schattenkabinett einzutreten (...). Und ein wichtiger Grund war, dass ich mir gedacht habe, also gerade im Interesse der Sache der Frauen kann man ein solches Angebot nicht zurückweisen. Denn mit den Positionen, die einzelne Frauen auch erreichen, steigt ja auch, wenn sie es einigermaßen machen und gut machen, die Akzeptanz, Frauen in solchen Positionen auch für selbstverständlich zu halten" (D: 875-877 und 903-908).

Die Situation in vielen Gremien als einzige Frau vertreten zu sein, wird keineswegs (nur) negativ bewertet. Es wird von Einzelnen reflektiert, dass sie von ihrer Ausnahmeposition und der daraus resultierenden besonderen Aufmerksamkeit, die sie so gewinnen konnten, auch profitiert haben. Insbesondere die Frauen aus den Neuen Bundesländern, die einen sehr schnellen Einstieg in die hochschulpolitischen Gremien gefunden haben, sehen sich in einer solchen Situation.

> „Wenn die Frauen da (...) in der Minderzahl sind (...), das kann ein Vorteil (...)

aber auch ein Nachteil sein. (...) Und wenn ich keine Frau wäre, sondern (...) ein Mann, weiß ich nicht genau, ob ich dann immer die Chance da gehabt hätte. Dann hätten sie mich noch nicht so lange gekannt wie ihre Kumpel, die sie nun schon zehn Jahre kennen, weil ich neu bin. Aber dadurch, dass Sie so einen gewissen singulären Status haben, haben Sie auch eine höhere Aufmerksamkeit" (L: 1293-1307).

Angesichts des vielfachen Pionierinnenstatus der Frauen in den Gremien und Leitungspositionen ist die Frage danach, ob sie in der Funktion als Legitimationsfrauen oder als anerkannte Expertinnen berufen oder eingesetzt wurden, in dieser Polarität nicht zu beantworten. Doch ist die Auseinandersetzung mit einem solchen Urteil bzw. Vorwurf in vielen Interviews präsent und die Einschätzung, in Gremien (nur) aufgrund des Geschlechts hinzugezogen worden zu sein, findet sich bei einigen unserer Interviewpartnerinnen.

„Man muss schon sagen, (...) ich bin durchaus über ein Frauenticket auch in viele Kommissionen rein gekommen" (B: 1338-1340).

Eine besonders intensive Auseinandersetzung um die Frage, Legitimationsfrau zu sein, findet sich in den Interviews mit den ostdeutschen Frauen, die nicht nur als solche, sondern unter dem Eindruck der Erfüllung einer doppelten Quote „Frau" und „aus dem Osten" Positionen besetzen.

„Aber da spielt natürlich auch so eine Rolle, dass irgendwann sich ja durchgestellt hatte, na ja also es wäre vielleicht nicht verkehrt wenn eine Ostdeutsche oder ein Ostdeutscher da drin wäre. Und da die Auswahl da nicht (...) groß ist, also mittlerweile (...) gibt es ja ein paar doch auch Ostdeutsche, die dann da auch sind, aber es sind immer noch sehr wenige und Frauen sowieso" (K: 1326-1332).

Sich als einzige oder erste in einer solchen Position durchgesetzt zu haben, wird aber immer auch als Ausdruck einer besonderen Anerkennung verstanden.

„Also in meinem Fall wird das auf jeden Fall eine Rolle gespielt haben, dass ich eine Frau war, und dass ich damit die erste Frau war. Und auf der anderen Seite hat natürlich auch die Reputation eine Rolle gespielt. Dass ich also eine Wissenschaftlerin in anerkannt harten Wissenschaften war (...) und mich in diesen Kreisen durchgesetzt habe. Das ist einfach anerkannt worden" (H: 385-391).

Die Abgrenzung von der Zuschreibung, „Legitimationsfrau" zu sein, ist jedoch eine immer wieder auftretende Notwendigkeit, die von allen Interviewten bewusst vollzogen wird. Sie wird immer wieder von der Öffentlichkeit an die Frauen herangetragen, so dass eine ständige Abgrenzung notwendig ist.

> „Als ich's geworden bin, hat jeder gesagt, Sie sind eine Quotenfrau, Sie kommen aus dem Osten, Sie haben das alles. Und das wird ihnen sofort untergejubelt. Und das ist mir eigentlich an jeder Stelle passiert, die ich bisher gehabt habe. Aber ich glaube so nach einem Vierteljahr Arbeit hat darüber keiner mehr geredet. Es kommt einfach darauf an, wie sie ihre Arbeit dann ausführen" (H: 408-424).

Der Vorwurf der „Quotenfrau" wird jedoch, wie sie (auf Nachfrage) weiter ausführt, nicht aus den Gremien heraus an sie heran getragen, sondern es handelt sich um ein Stigma, das eher allgemein angehaftet wird.

> „Nur in der Öffentlichkeit. Also in den Gremien nicht. (...) Damit würde sich ja dieses Gremium selbst disqualifizieren. Und das ist nicht so" (H: 417-421).

Aus dem Gremium heraus können keine offenen Zuschreibungen dieser Art erfolgen, da die Legitimationskriterien der eigenen Rekrutierungsverfahren ansonsten in Zweifel gezogen werden müssten und die eigene Legitimität untergraben würde.

Dass die Infragestellung der Rekrutierung aus Qualifikationsgründen in der folgenden Situation bei einer Anfrage zur Beteiligung an einem Expert/innengremium thematisiert wird, zeigt, dass das Geschlecht auch implizit mitläuft, wenn die Berufung einer Frau unter einem besonderen Legitimationsdruck/ -anspruch steht.

> „Gerade wenn sie die Kommission untersuchen hier [Bundesland]. Wo sie mich das zweite Mal gefragt haben, haben sie gesagt, also nicht bloß, weil ich die einzige Frau bin, sondern weil die wirklich meinen, ich gehöre da rein, aus fachlichen Gründen, weil ich mich da in dem Bereich auskenne" (L: 285-290).

Es zeigt sich bei den Expertinnen insgesamt ein ambivalenter Umgang mit der Problematik der ‚Legitimationsfrau'. Einerseits wird von den Expertinnen z.B. reflektiert, dass die besonderen Merkmale – wie „Frau aus dem Osten" und Vertreterin einer „harten Wissenschaft" – besonders förderlich für die Rekrutierung gewesen seien. Andererseits erfolgt eine deutliche Abgrenzung von solchen Zuschreibungen, indem deutlich darauf verwiesen wird, dass es die eigene Arbeit und Leistung sei, die ausschlaggebend ist. Auch in dem nachdrücklich geäußerten Anspruch, der Position auch gewachsen bzw. dafür ausreichend qualifiziert zu sein, zeigt sich, dass diese Abgrenzungen offenbar verlangt werden bzw. notwendig erscheinen.

Auffallend ist dabei, dass die Wahrnehmung und Bewertung des Problems auf der Ebene der persönlichen Abweisung von Zuschreibungen verbleibt und damit gleichsam die Ordnung des Feldes unhinterfragt lässt. Die Legitimationsfrau als ein soziales Konstrukt, das aufgrund der geschlechtshierarchischen Strukturierung des Feldes erzeugt und – wie insbesondere an dem Beispiel „Frau aus dem Osten" immer wieder deutlich wird – in der Verquickung mit anderen Stigmata reproduziert wird, gelangt (noch) nicht in den Blick. Hierdurch wird u.a. die Vorstellung bzw. der Glaube wach gehalten, dass es möglich sei, die stigmatisierenden Bilder verschwinden zu lassen bzw. korrigieren zu können. Dabei geht es oft nicht um Leistung, die unter Beweis zu stellen wäre, vielmehr scheint es sich um Ansprüche, Anforderungen und Zuschreibungen zu handeln, um eine Art Einprägungsarbeit, die sich auch in den Selbstwahrnehmungen der Akteurinnen findet:

> „Und das war im Übrigen an vielen anderen Stellen auch so. Dass [ich] dieses Argument, sozusagen auch in meiner eigenen Wahrnehmung, (...) wichtig fand, dass da eine Ostdeutsche sitzt. [Damit] konnte [man] mich dann relativ schnell überzeugen. Also immer wenn man mit diesem Argument kam [lacht], war ich doch leicht rumzukriegen" (K: 1306-1312).

Die Situation ist durch eine Gleichzeitigkeit der Erfahrung der Stigmatisierung, den Status als Pionierin und die Anerkennung als Expertin gekennzeichnet. Mit der Anerkennung als Expertin befinden sie sich dann wiederum in einer singulären Pionierinnenposition.

> „Es muss erst mal ein höheres Potenzial an Frauen da sein, die überhaupt zur Auswahl stehen, um da rein zu kommen. Dass ich jetzt da überall drinnen bin, ist ja ein Ausdruck des Mangels an Frauen. Also, für mich jedenfalls (...). Ich bin ja meistens auch die einzige Frau in vielen dieser Gremien. Und das war eben auch günstig, man kannte mich eben" (H: S. 20).

Insbesondere bei den (ehemaligen) Ministerinnen sowie bei den Frauen, die durch ihre Tätigkeit in den überregionalen Gremien des Machtfeldes (heute) ein besonders hohes Ansehen genießen, wird dabei gesehen, dass sie auch von dem symbolischen Kapital der Wissenschafts- und Forschungsorganisationen, deren Mitglieder sie geworden sind, profitieren – aber ‚eben' nur als Einzelne.

Aufgrund dieser Situation der Rarität ist die Einbindung gleichgesinnter Mitstreiterinnen in die offiziellen Netzwerke des wissenschaftspolitischen Machtfeldes relativ selten. Da diese Netzwerkeinbindungen aber für Empfehlungen in Expertenkommissionen und Wissenschaftsorganisationen von hoher Relevanz sind, ist der „gute Ruf", den eine Frau genießt, von besonders großer Bedeutung. Doch die Entstehung des guten Rufes ist den Befragten vielfach selbst nicht vollständig erklärlich, da er zumeist auf nicht sichtbaren Wegen und Kanälen transportiert wird. Er wird jedoch zugleich in seiner Bedeutung und Fragilität erkannt und stellt sich in den Interviews z.T. als Problem dar. Die Sorge um die Fragilität begleitet das Handeln. Das „Mysterium" der Entstehung und seine Funktion für die Einbindung in Netzwerke wird von einer unserer Interviewpartnerinnen ausführlich beschrieben:

> „Dass ich plötzlich ein Ansehen als Expertin habe, kann ich mir (...) nicht erklären. Ich leiste (...) ganz normale Arbeit aus meinem Erfahrungsschatz, der sich natürlich aus verschiedenen Quellen speist. (...) Aber dass man durch die Art und Weise wie man das tut, dann diesen Expertenstatus erreicht, wie das [Betonung] kommuniziert wird, das ist mir nicht klar. Es könnte sein, also ich hör das immer so beim Präsidenten, der anfangs sehr skeptisch war (...), dass er sagt, ‚das ist ja merkwürdig, hier im Kreise der Kollegen hört man immer nur Gutes (...) und (...) dann komme ich irgendwo hin in der Bundesrepublik oder in der HRK (...) und sie sprechen alle mit so großer Hochachtung von Ihnen.' Und dann gucke ich ihn immer so an und beruhige ihn, damit er nicht eifersüchtig wird [lacht]. Und da merke ich, dass es offensichtlich so ein Informationssystem gibt, an dem ich selbst gar nicht teilnehme. (...) Es muss irgendein Klatsch- und Tratschverhältnis geben, was es ja auch in der Universität gibt. Dass Kollegen immer unheimlich viel zu bereden haben. Die müssen häufig miteinander telefonieren und die müssen auch immer mal wieder zusammenstehen. Und wenn irgendwelche Treffen sind oder ein Empfang, dann wird gleich geguckt, (...) was kann man wie transportieren. Dann hat man die auflösenden Runden bei Schnaps und Cognac und dem letzten Absackerbier. (...) Oder ich werde dann häufig gefragt: ‚Wie finden Sie denn die oder diesen oder jenen?' (...) Aber ich sage dann nichts (...) oder: ‚Die ist doch ganz gut, oder der ist doch in Ordnung' (...). Ob ich das jetzt meine oder nicht. [Was dahintersteckt] ist: ‚Kann man mit der oder mit ihm reden? Kann man gemeinsame Sache machen? Muss man ihn oder sie ins Kalkül ziehen oder kann man daran vorbeigehen?' Also irgend so etwas gibt es, eine Bewertung von Personen, das geht über wissenschaftliche Reputation hinaus. Das ist die eine Sache. Aber es kommt dann auch noch mal so etwas Persönliches dazu. Im Politikbereich ist es natürlich die Wertschätzung über die Politikfähigkeit und die Durchsetzungsfähigkeit. Es kommt dann aber immer auch noch dieser persönliche Touch dazu, der schon eine Rolle spielt, aber nicht richtig ausgesprochen wird. Und so (...) bildet sich ein Einverständnis. Und entweder man ist unten durch oder man ist drin im Netz. Und wenn man draußen ist, hat man es sehr schwer, sich dann wieder an irgendeinem Ende des Netzes fest zu hangeln oder wieder ins Netz zu kommen" (D: 2806-2871).

Dieser zugeschriebene Ruf, der einer Person vorauseilt, kann auch schaden bzw. ist nicht immer im Sinne der betroffenen Person:

> „und das eingetütet werden in eine Tüte da, da wirst du nicht gefragt. Da wirst du zugeordnet mit einer Realitätsnähe, die beliebig ist. (...) Alles aufgrund von Vermutungen und nie einer differenzierten Auseinandersetzung" (E: 884-896).

Insbesondere auf frauenpolitischer Ebene kann der vorauseilende Ruf Handlungsoptionen auch blockieren. So beschreibt eine unserer Interviewpartnerinnen, wie sie versucht, sich für die Frauenförderung z.B. in der Position als Rektorin in Berufungsverfahren einzusetzen und zugleich darauf zu achten hat, keinen konsistent frauenfördernden bzw. Frauen bevorzugenden Ruf zu bekommen, der als „verschärft" gilt.

> „Aber ich habe auch gegen Frauen gestimmt und nur dadurch haben Sie eine Akzeptanz bei den Männern. Wenn die denken, die versucht an jeder Stelle immer eine Frau hinzukriegen, dann blocken die. So habe ich es nicht gemacht. Es geht nach Qualität. (...) Man kann etwas für Frauen machen, man kann die auch ermutigen, man kann auf eine Vertretungsprofessur schnell eine Frau nehmen, dann hat die schon einen gewissen Bekanntheitsgrad. So etwas kann man ja alles machen. Das ist legitim. Aber sowie sie anfangen als verschärft zu gelten, dass sie es immer auf die Frau abgesehen haben, dann machen sie viel mehr kaputt und kriegen viel weniger Frauen durch" (L: 366-372 und 418-424).

Anhand der Erfahrungen dieser Interviewpartnerin, dass ein als moderat geltender Ruf die Chancen frauenpolitischer Erfolge erhöhe, können wir erkennen, dass die Befürchtung als ‚Frau, die Frauen bevorzugt' etikettiert zu werden, beim Zugang zu den Spitzenpositionen ein Medium ist, um zwischen Frauen und Männern eine soziale Grenze zu ziehen. Wie in den Interviews wiederholt deutlich wird, kommt diese Grenzziehung nicht ohne den Verweis auf eine irgendwie über den sozialen Dingen stehende Leistung bzw. Qualität aus: „es geht nach Qualität". Die für Geschlechterdifferenzen und -ungleichheiten offenen und geschlechterpolitisch aktiven Akteur/innen kann dieser Umstand in die Paradoxie führen „etwas für Frauen (zu) machen", indem sie „auch gegen Frauen (stimmen)". Die paradoxe Situation lässt auch erahnen, warum das Ziel einer Frauenförder- bzw. Gleichstellungspolitik in der Wissenschaft nicht selten bei der Ermunterung von Frauen stehen bleibt.

3.2 *„Das waren alles fachliche Experten plus". Muster der Rekrutierung von Expert/innen in der Hochschulplanung*

Die Relevanz der zwischen den Organisationen des Machtfeldes vernetzten Rekrutierungsstrukturen stellt sich in den Interviews oft nicht deutlich dar, auch wenn die Interviewten andererseits die Bedeutung von Netzwerken für ihre Berufung als Expertin betonen und hervorheben. Vor dem Hintergrund einer bereits erreichten hochschulpolitischen Leitungsposition auf öffentlichen Veranstaltungen durch Beiträge bzw. Vorträge aufzufallen, ist – folgt man den Ausführungen unserer Interviewpartnerinnen – häufig ein Weg, um in ein hochschulpolitisches Expert/innengremium berufen zu werden.

> „Der [Hochschulpräsident und als solcher Mitglied in der HRK] hatte mich wohl vorgeschlagen, weil er mich einmal erlebt hatte (...) und mich auch kannte von der Prorektorentätigkeit" (F: 228-232).

Wie wir für die Aufstiege in die innneruniversitären Leitungspositionen festgestellt haben, erscheinen die Rekrutierungswege der ostdeutschen Wissenschaftlerinnen als vergleichsweise kurz. In der Selbstwahrnehmung der Frauen spielt dabei der Faktor als „Frau aus dem Osten" besonders häufig für bestimmte Positionen oder Gremien angefragt worden zu sein, eine deutliche Rolle. Auch hier sind die Frauen durch ein besonderes hochschulpolitisches Engagement aufgefallen, z.B. in der akademischen Selbstverwaltung oder durch einen besonderen Einsatz für die eigene Hochschule, auch auf kommunalpolitischer Ebene. Aus diesem Engagement ergab sich zum Teil sehr schnell eine Rekrutierung in hochschulpolitische Leitungspositionen und damit verbunden eine weitere Mitarbeit in überregionalen Gremien, z.B. der (Landes-)Hochschulrektorenkonferenzen, denen weitere Mitgliedschaften in hochschulpolitischen Expert/innengremien folgten. Beispiele hierfür sind die Struktur- oder Gründungskommissionen verschiedener Hochschulen in den Neuen Bundesländern bzw. verschiedene Kommissionen oder Arbeitsgruppen der Hochschulrektorenkonferenz und des Wissenschaftsrates. Faktisch – bezogen auf den einzelnen Fall – verlaufen aber auch diese ‚verkürzten' bzw. ‚beschleunigten' Rekrutierungswege kompliziert und über Umwege. Dennoch lässt sich in der Zusammenschau der Fälle eine Rekrutierungsstruktur bzw. ein Rekrutierungsmuster erkennen:

> „Es ging einfach so Stufe für Stufe, eine schlägt einen vor, dann tritt man irgendwo auf. Also ich bin auch viel von (...) Hochschulen eingeladen worden, (...) über die neue Hochschulpolitik zu sprechen. Und dann waren plötzlich auch politische Vertreter da und haben gesagt: ‚Ach die Frau versteht ja was davon, die können wir auf eine Landeskommission einladen'. So bin ich zum Beispiel in [Bundesland] in zwei Kommissionen hintereinander gewesen" (B: 1441-1449).

Auch die Sichtbarkeit in den fachlichen Scientific Communities spielt für die Rekrutierung gerade in fachpolitische Gremien eine wichtige Rolle. Wie diese in so kurzer Zeit erreicht wurde, bleibt zwar in den Interviews zumeist ungeklärt, ist aber offensichtlich einer der Einflussfaktoren, der die Berufung zur Expertin mit beeinflusst.

> „Es ist dann die Sichtbarkeit in der Scientific Community. Also ich habe jetzt nicht gesagt, ich möchte Gutachterin [für eine Wissenschaftsorganisation] werden, sondern ich bin gefragt worden, ob ich es werden möchte. Insofern muss ich ja irgendwie im Gespräch gewesen sein" (K: 1261-1266).

Einen besonderen Status in Bezug auf die Rekrutierung von Wissenschaftler/innen in Expert/innengremien haben die Frauen, die bereits Anfang der 1990er Jahre mit dem Ministerinnenamt hervorgehobene Positionen übernommen hatten. Zumindest die beiden unter ihnen die zu dieser Zeit für das Wissenschaftsressort zuständig waren, haben für die Hochschulstrukturreform z.T. wegbereitende Veränderungsprozesse in Gang gebracht. Sie erlangten zum einen eine besonders große Sichtbarkeit im Feld wissenschaftspolitischer Expert/innen, zum anderen waren sie mehrheitlich selbst in der Situation, Expert/innengremien bzw. auch spezielle Hochschulstrukturkommissionen einzusetzen. Dadurch sind sie selbst in der Position, den Fachkolleg/innen die Anerkennung als Expert/in durch die Berufung in wissenschaftspolitische Gremien wie die Hochschulstrukturkommissionen zu erteilen.

In dem folgenden Interviewzitat beschreibt die Befragte ihre eigene Rekrutierungspraxis als Ministerin. Sie vollzieht hier einen interessanten Blickwechsel.

Da diese Akteurin als Wissenschaftlerin mit einem bereits reichen „Erfahrungsschatz" dann auch Ministerin wurde und anschließend im wesentlichen in der Politikberatung tätig ist, ist es ihr aufgrund dieser Positionswechsel – oben wurde sie noch zum Zustandekommen ihres Ansehens als Expertin befragt – möglich, aus der Cross-over-Perspektive auf die im Machtfeld übliche Rekrutierungspraxis zu blicken. Dabei wird deutlich, dass es sich um Zuschreibungsprozesse handelt, die in den Kontext des komplexen Zusammenspiels zwischen politischer Spitze, Ministerialbürokratie und fachwissenschaftlichen Netzwerken zu stellen sind:

> D:[59] Ich habe auf jeden Fall erstens einmal Fachleute berufen. (...) Und zwar quer über alle Wissenschaftsbereiche. (...) Das war eine wissenschaftliche Kommission (...). Es waren vertreten: die Universitäten, (...) die Fachhochschulen, möglichst viele Frauen (...) anerkannte Fachwissenschaftler (...).
> I1: Die kannst du ja persönlich nicht kennen?
> D: Doch, einmal habe ich die Beamten [aus der eigenen Wissenschaftsadministration] gefragt, wer ist in welchem Fach [anerkannt]. Dann habe ich natürlich erst einen Vorsitzenden (...) gesucht [Name]. (...) Und mit ihm wurden dann die einzelnen Personen auch besprochen, damit er auch mit den Personen gut zusammenarbeiten konnte. Und dann habe ich natürlich eine Anzahl Freunde reinberufen [lacht] (...) oder du kannst auch sagen befreundete [Betonung, lacht].

---

59 Im Folgenden steht D für die Interviewpartnerin, I1 und I2 für zwei Interviewerinnen.

> I2: Und würden Sie sagen, dass das ein normales Muster der Rekrutierung solcher Expertengremien ist? (...) Die persönliche Bekanntschaft?
> D: Nein! [Betonung] Darum geht es doch gar nicht [lacht].
> I2: Worum denn?
> D: Die persönliche Bekanntschaft. Ich musste doch auch Leute haben, denen ich vertrauen konnte. Von denen ich selbst wusste, dass sie nicht nur Experten waren, sondern dass sie mit Leib und Seele auch bei der Sache sein konnten. Und das war ganz wichtig. Denn da ist ja auch immer wiederum eine Machtbalance zu wahren in einem Ministerium und da muss man schon auch Gewährsleute haben, die dafür sorgen. Aber ich hab nicht gesagt, was die tun sollen. Um Gottes Willen. Ich wusste nur, es gibt bestimmte Leute in meinem Kollegenkreis oder in den Kollegenkreisen auch in den Naturwissenschaften, die ich kenne und die für eine moderne Richtung der Hochschulentwicklung stehen, (...) das kann man nicht alleine abfragen, und aus einem Expertenpool heraussuchen. Das ist ein ganz normaler Vorgang, dass man sich bei den Experten eigentlich immer die persönliche Dimension mit anguckt. Sonst funktioniert kein Gremium. (...) Also, ich würde sagen, das waren alles fachliche Experten plus. Und dieses Plus ist nirgends verzeichnet" (D: 224-309).

Das „nirgends verzeichnete Plus" ist ein Qualitätskriterium, das bei der Rekrutierung von Gremien in wissenschaftspolitischen Kontexten eine wichtige Rolle spielt. Es beinhaltet Eigenschaften und Fähigkeiten, die einer Person zugeschrieben werden wie in dem Beispiel die Vertrauenswürdigkeit, Risikobereitschaft, Flexibilität, Fantasie oder der Mut zu neuem Denken in der Hochschulentwicklung. Doch sind die persönlichen Qualitäten immer mit der Legitimation politischer Entscheidungen und daher mit einer Machtdimension verknüpft, gilt es doch „auch immer wiederum eine Machtbalance zu wahren". In diesem Beispiel ist es die Machtbalance zwischen Wissenschaftsadministration und politischer Spitze, die die Expert/innen berufen, die sie hochschulpolitisch beraten sollen. Um die politische Richtung, die Fachlich- und Sachlichkeit sowie die persönliche Passfähigkeit der Kommissionsmitglieder auf einen Nenner zu bringen braucht es, vor allem, wenn ein persönliches Kennen nicht gegeben ist, „Gewährsleute":

> „Wenn sie die nicht über Netzwerke kennen, sicher sie können sich in Datenbanken einklinken, aber da wissen sie nie, was für eine (...) dann hinter dem Namen steht. Kennen oder verlässliche Informationen haben. Weil dann, ich hätte jetzt Sorge, meinetwegen gucke ich mir das Vorlesungsverzeichnis an, sehe eine interessante Denomination, denke, die könnte bei uns passen. Das würde ich nie machen, kann völlig daneben liegen. Und wenn sie eine schlechte Frau haben, das ist auch wieder der Nachteil, das merken sich alle (...), weil es so auffällt. Und dann holen die das immer wieder vor, dass sie sagen, ja aber die (...) war nichts. Und deswegen finde ich ein Netzwerk, wo man – also was heißt gut, [gut oder] das was man für gut hält –, das sind ja ganz unterschiedliche Kriterien. Aber (...) deswegen finde ich Netzwerke wichtig" (L: 1424-1438).

Insbesondere aufgrund der Doppelperspektive, über die diese Interviewpartnerinnen verfügen, die sich im Amt der Wissenschaftsministerin befanden und beide Felder kennen (Wissenschaft und Politik), können wir annehmen, dass neben deren fachlichen Kompetenzen und Aktivitäten ihre besondere Sichtbarkeit maßgeblich zu einer besonders guten Einbindung in die entsprechenden Expert/innennetzwerke beiträgt.

Dies gilt auch für die Zeit nach dem Ende ihrer Amtszeit, wie es für alle drei der hier näher betrachteten Professorinnen feststellbar ist. Sie werden sehr häufig und für eine Vielzahl verschiedener Gremien als Expertinnen angefragt – mit der Konsequenz in bestimmte Elitezirkel integriert zu sein.

In der folgenden Interviewsequenz werden diese Elitezirkel aus der Perspektive einer langjährigen wissenschaftspolitischen Tätigkeit in verschiedenen Organisationen und Gremien des Machtfeldes beispielhaft weiter charakterisiert. Das im Laufe der Zeit geknüpfte Netzwerk wird als ein Verbund beschrieben, der durch das spezielle wissenschaftspolitische Ziel und den Aufgabenbezug, „die Hochschulen zu modernisieren" zusammengehalten wird.

> „Dann sind das die gegenwärtigen Arbeitsbezüge und die Netzwerke, die Aufgaben die damit verbunden sind, die Personen, mit denen man zusammenkommt. Und man trifft in den verschiedenen Zirkeln fast immer einen Kern von Personen, mit denen man ja sehr gerne zusammenarbeitet, mit denen man vielfach auch zusammengearbeitet hat, mit denen man ein Grundeinverständnis hat, und die allesamt in der Wissenschaftspolitik ein Ziel verfolgen, nämlich die Hochschulen zu modernisieren. Und ob man auf Konferenzen ist oder auf irgendwelchen Feiern, (...) es sind die gleichen Personen. Und das ist einfach wunderbar. Also, man lernt jetzt erst diesen ganzen Zirkel auch schätzen, das heißt der Personen, die dabei bleiben ganz gleich, welche Position sie haben. Die Positionen wechseln dann ja häufiger (...). Dazu zählen ehemalige Politiker oder noch Politiker oder Personen, die in der Politik tätig sind. Dazu zählen Generalsekretäre der verschiedenen Wissenschaftsorganisationen" (D: 24-47).

Die Frage nach den Möglichkeiten einer vermehrten und verstetigten Integration von Wissenschaftlerinnen in „diesen ganzen Zirkel", bestehend aus Politik, Administration, Wissenschaftsorganisationen und politikberatenden Gremien und Kommissionen, ist insgesamt vor dem Hintergrund einer Übergangssituation zu beurteilen. Der Übergang hängt mit der derzeitigen Neustrukturierung der Leitungs- und Entscheidungsstrukturen aufgrund der veränderten Steuerungsverhältnisse zwischen Staat und Hochschulen zusammen:

> „Und man darf (...), wenn man Frauenpolitik macht, diesen Übergang auch in der Steuerung durch neue Gremien nicht versäumen. Und da will ich noch mal eins sagen: Im alten Steuerungssystem – Ministerium: Eine Frau an der Spitze. Wo waren denn da die Frauen in den Zirkeln, in den Abstimmungszirkeln in der

> Bundesrepublik, wo waren die Frauen auf den Abteilungsleiterstellen? (...) So gut wie nicht [Betonung] vertreten. Und die Frauen an der Spitze können es [allein] nicht richten. Und (...) jetzt gibt es also (...) eine Möglichkeit über diese Expertengremien. Die muss man ernst nehmen. Und die zweite Möglichkeit ist die, dass man darauf achtet, für den Fall dass dieses Machtspiel zwischen verschiedenen Steuerungsmodellen, administrativ [einerseits] und Expertenrat auf der anderen Seite, dass dieses – auch wenn es zugunsten des Ministeriums ausschlägt – (...) auf Ministerien trifft, in denen es mehrere Frauen in den leitenden Stellen gibt. Also in den kontinuierlichen Leitungsstellen und nicht [nur] in den (...) Spitzenpositionen [Ministerinnen]. Das sind geliehene Positionen auf Zeit. Da können Frauen nur als vorbildlich wirken oder sie sind auch wieder verschwunden ohne dass sich da irgend etwas festgesetzt hat" (D: 2338-2358).

Demnach kann die Mitgliedschaft wissenschaftspolitisch interessierter und versierter Wissenschaftlerinnen in den Expertengremien durchaus ein Weg sein, um die Integration von Frauen in die wissenschaftliche und wissenschaftspolitische Steuerungselite (Elitenintegration) zu beschleunigen. Um die Integration zu verstetigen braucht es zusätzlich, wie beispielhaft in der Interviewsequenz deutlich wird, die Vernetzung zwischen den verschiedenen von Frauen eingenommenen Cross-over-Positionen in Wissenschaft, Politik und Administration als Bestandteil eines organisationsübergreifend organisierten Elitennetzwerks. Zur Strukturierung des Netzwerks steuerungspolitischer Eliten des wissenschaftlichen Feldes lässt sich abschließend konstatieren:

- In dem Elitennetzwerk gibt es formalisierte Verfahren und Verbindungen, die durch Arbeitsbezüge und Aufgabenteilungen zwischen den beteiligten wissenschaftlichen, politischen und administrativen Organisationen in dem Machtraum der wissenschaftspolitischen Steuerung (vgl. I.4.) definiert sind.
- Zu den formalisierten Verfahren gehört ein organisationsübergreifend vernetztes Empfehlungswesen, das für einen Pool an Wissenschaftler/innen sorgt, die als berufungsfähig eingeschätzt werden. Nicht zuletzt auf Empathie und Vertrauen basierend, erfüllt das Empfehlungswesen eine als relativ verselbständigt zu bezeichnende Integrationsfunktion in das Elitennetzwerk.
- Für die Elitenintegration spielt der durch die Organisations- und Gremienmitgliedschaften geronnene ‚gute Ruf' eine zentrale Rolle. Dies zeigen die Werdegänge der Befragten, die durch herausgehobene Positionen öffentliche Aufmerksamkeit erlangten und dadurch über die Wissenschaft hinaus in den wissenschaftspolitischen Organisationen und Gremien bekannt wurden.
- Die Form der Integration führt in der Regel zu Doppel- und Mehrfachmitgliedschaften in den Organisationen und Gremien des Machtfeldes wissenschaftspolitischer Steuerung (Kumulationseffekt). Hier handelt es sich um

ein allgemeines Phänomen, das für Männer und für Frauen gilt. Da jedoch der Pool an integrierten Wissenschaftlerinnen klein ist, kommt es in dem Machtfeld zu einem Raritätseffekt (vgl. II.3.1). Erkennbar wird er in den Aussagen der von uns befragten Expertinnen, die aufgrund einer Vielzahl an bereits übernommenen Aufgaben „sehr viel ablehnen" müssen (F: 189).

Bei den von uns befragten Wissenschaftlerinnen handelt es sich um Personen, die die Anerkennung über die Wissenschaft hinaus in der Wissenschafts- und Hochschulpolitik haben, oder besser, die die Anerkennung inzwischen haben. Den z.T. langen Weg der Zuschreibung der Anerkennung in dem Machtfeld wissenschaftspolitischer Steuerung haben wir aus der ambivalenten Positionierung als Legitimations- bzw. Alibifrau, als Pionierin und als anerkannte Expertin rekonstruiert. Bei den Optionen für den Zugang zu einem „Kern von Personen" des hochschul- und wissenschaftspolitisch relevanten Elitennetzwerks kommt den Zuschreibungen, die die ambivalente Positionierung von Frauen im Feld bis heute bedingen, eine bedeutende Rolle zu.

4. Wissenschaftlerinnen in der Politik

Die Konstellationen, die für fünf der von uns befragten Spitzenfrauen zur Berufung als Ministerin geführt haben und bei einer weiteren zu einer führenden Position in einem Ministerium, setzen sich aus Faktoren zusammen, deren Zusammenwirken von ihnen unterschiedlich eingeschätzt wird. Drei zentrale Voraussetzungen für die Berufung in das Amt, die bei allen Ministerinnen auftauchen, sind:

- ein gewisses (partei)politisches Engagement
- hochschulpolitische Leitungspositionen, hier insbesondere die durch diese repräsentativen Funktionen gewonnene öffentliche Bekanntheit sowie
- politische Konstellationen und zeithistorische Gelegenheitsstrukturen.

Diese Voraussetzungen spielen mit unterschiedlichen Gewichtungen bei allen Interviewten eine Rolle. Dagegen werden die besonderen fachlichen Qualifikationen und Erfahrungen, die für eine solche Position befähigen, von den Interviewten kontrovers eingeschätzt. Nicht immer ganz durchsichtig gestaltet sich in den Interviews auch die Beurteilung der Rolle und des Stellenwerts von Netzwerkbeziehungen als einer der Rekrutierungsfaktoren.

4.1 Spielregeln des politischen Feldes

Für die meisten der befragten Spitzenfrauen erfolgte der Übergang in die Politik über einen Ruf, genauer über einen telefonischen Anruf von einem hochgestellten Politiker. Dieser Anruf kam für alle, die sich dazu äußern, überraschend, buchstäblich von heute auf morgen und mit einer sehr kurzen Zeitspanne zur Entscheidung für ein Ja oder Nein, das angetragene Amt zu übernehmen. Während mehrere Interviewpartnerinnen betonen, vorher überhaupt keinen direkten Kontakt mit dem entscheidenden Politiker gehabt zu haben, trifft dies auf andere durchaus zu. Dabei bleiben – wie wir dies ähnlich für das Empfehlungswesen im wissenschaftspolitischen Bereich bei der Expert/innenrekrutierung festgestellt haben (vgl. III.3.) – die konkreten Hintergründe und persönlichen Makler allerdings schemenhaft bzw. undurchsichtig, und die Gesprächspartnerinnen haben bis zum Zeitpunkt des Interviews kein Interesse, dies aufzuklären. Dennoch lassen sich, wenn wir hier die Hintergründe rekonstruieren, Gemeinsamkeiten finden: Es gab ein Bild von der Person mit einer gewünschten Merkmalskombination, Frau, fachlich kompetent und mediengewandt, die zu der zu besetzenden Position passte. Es muss auch mindestens eine Person gegeben haben, die den Namen der Betreffenden ins Spiel gebracht hat und zwar mit einer Konnotation, die für das zu besetzende Amt prädisponierte. Diese Vorgänge sind als Hinweise auf eine Ebene der Zirkulation von Namen und Personen zu verstehen, von denen die in Frage kommenden Personen nicht unbedingt Kenntnis haben müssen. Eine solche Zirkulation ist eine Voraussetzung dafür, dass es zu einem Ruf kommt, kurz ein Verweis auf informelle Netzwerke, in denen potenzielle Kandidat/innen zirkulieren.

Strukturähnlich dem Empfehlungswesen bei der Rekrutierung wissenschaftlicher Expert/innen für die Politikberatung stoßen wir auch im politischen Feld auf weitere ungeschriebene Regeln, wie die, dass sich Namen auch ‚abnutzen', wenn bei vorherigen Angeboten häufiger Nein gesagt wurde, da auch solche Informationen informell weitertransportiert oder öffentlich in den Medien verhandelt werden.

Die Einbindung in (partei)politische Netzwerkstrukturen ist ein Faktor, der für die Rekrutierung in hohe Positionen relevant ist. Es zeigt sich jedoch, dass für die hier interviewten Frauen der Netzwerkfaktor in ihren Beschreibungen einen relativ geringen Stellenwert einnimmt. Es war notwendig, dass die Frauen zentralen politischen Akteur/innen bekannt waren – wenn auch nicht immer den im Einzelfall entscheidenden (designierten) Ministerpräsidenten. Zwar gibt es deutliche Hinweise auf eine (frühere) Mitarbeit in parteipolitischen Gremien oder

Kommissionen sowie auf bestehende persönliche Kontakte zu hohen Parteipolitiker/innen, doch wird das Ausmaß der Kontakte und Beziehungen zu dem Zeitpunkt, als sie den telefonischen Anruf und damit das Angebot für eine Nominierung erhielten, von den Interviewpartnerinnen nur spärlich beleuchtet. Zum Teil entsteht der Eindruck, als ob bestehende Beziehungen zur Parteipolitik eher heruntergespielt werden. Insgesamt bleibt ein gewisser Widerspruch zwischen den Hinweisen darauf, wie wichtig die persönliche Ebene für die Berufung oder Besetzung von Positionen sei, und ihrer tatsächlichen Bedeutung, die selten expliziert wird. Unsere Vermutung, dass Netzwerkstrukturen und parteipolitische Beziehungen für die Rekrutierung in ein Minister/innenamt bzw. Ministerium von großer Wichtigkeit sind, lässt sich mit den vorliegenden Studien nicht abschließend belegen. Hier wären weitere Forschungen notwendig, die diesen Aspekt stärker in den Blick nehmen.

Während es einerseits deutliche Hinweise auf bestehende Kontakte gibt, die bis in die oberen Ebenen der Parteihierarchien hineinreichen können, zeigt sich andererseits, dass bei den für diese Untersuchung ausgewählten Spitzenfrauen Parteipolitik als Karrierestrategie nicht im Vordergrund gestanden hat. Sie haben nicht primär auf parteipolitische Ämter und Funktionen gesetzt. Dennoch ist ein vorheriges parteipolitisches Engagement, wie die Analyse der politischen Werdegänge aller interviewten Ministerinnen zeigt, eine Voraussetzung für die Berufung in ein hohes politisches Amt. Doch ist dies ein Engagement, das eher am Rande stattgefunden hat, oft auf der Ebene einer Mitarbeit in parteipolitischen Beratungsgremien. Zumindest blickt keine der von uns Interviewten auf eine ausgewiesene Parteikarriere zurück.[60] Von allen wird deutlich auf die persönliche Distanz zur Parteipolitik im engeren Sinne hingewiesen. Sie sehen sich selbst eher als Seiteneinsteigerinnen in die Politik. Mit dem Seiten- oder Quereinstieg verbinden sie in doppelter Hinsicht eine größere Unabhängigkeit. Diese gründe zum einen in ihrer wissenschaftlichen Urteilskraft, zum anderen ermögliche ihnen die größere Distanz eine gewisse Unabhängigkeit gegenüber einem (partei)politischen Anpassungsdruck.

Obwohl die Befragten betonen, bis zu ihrer Nominierung eher randständige Positionen in parteipolitischen Zusammenhängen eingenommen zu haben, gab es für sie durchaus auch Vorzeichen und vorausgehende Gedankenspiele, ein politisches Amt eventuell zu übernehmen:

„Ich bin (...) zuständig für genau das, wofür ich auch den Ruf hatte (...) [Deno-

---

60 Ein längerfristiges parteipolitisches Engagement findet sich bei drei Interviewten, einige sind Parteimitglieder oder werden es später, nachdem sie bereits (andere) politische Ämter besetzten.

mination]. Insofern hatte ich schon (...) darüber nachgedacht, ob ich es mir vorstellen könnte. Meine Antwort war immer: Nicht unter allen Umständen. Aber wenn es etwas wäre, wo ich das Gefühl hätte, in der Sache etwas beitragen zu können, könnte ich es mir (...) vorstellen, ja" (K: 155-175).

Das Motiv, ein bestimmtes fachwissenschaftliches Wissen aktiv in politische Handlungszusammenhänge einzubringen, kann sich auch mit einem allgemeinen gesellschaftspolitischen Engagement verbinden, wie wir es für die Befragten aus den neuen Bundesländern feststellen können, für die ‚die Wende' wichtig war:

„Den Anlass, aus der Wissenschaft herauszugehen, hat die Wende gegeben (....) Ich [habe] in erster Linie in Fakultätsräten, im Senat mitgearbeitet, habe auch immer versucht, dieses hohe Gut der Freiheit von Forschung und Lehre zu pflegen und zu fördern. Auf der anderen Seite bin ich durch die Wahl in [ein wissenschaftspolitisches Gremium] natürlich konfrontiert worden mit einem sehr interessanten Gremium der Bundesrepublik. (...) Und ich finde dieses Gremium in seiner Zusammensetzung beispielhaft für das Zusammengehen von Politik und von Wissenschaft. Denn hier sind beide aufeinander angewiesen (...) zuzuhören. Die Wissenschaftler, die politischen Rahmenbedingungen besser kennen zu lernen, und die Politiker, (...) die Entscheidungskriterien, die Entscheidungswege [und] auch die Denkweise der Wissenschaftler kennen zu lernen" (H: 251-278).

Über die erworbenen hochschulpolitischen Qualifikationen in Fakultätsräten, als Dekanin oder Rektorin etc. hinausgehend stellt sich die Frage, welche weiteren Qualifikationen für das Minister/innenamt bzw. eine Leitungsfunktion im Ministerium befähigen.[61]

Angesichts der geringen Zahl von Frauen, die in den 80er Jahren in wissenschaftliche Leitungspositionen wie das Amt der Vizepräsidentin, aufgestiegen sind, lässt sich konstatieren, dass die Chance oder die Wahrscheinlichkeit für diese Frauen Ende der 80er, Anfang der 90er Jahre als Ministerinnen rekrutiert zu werden, erstaunlich hoch war. Daher ist anzunehmen, dass in solchen Leitungspositionen eine Reihe von Eigenschaften und Qualifikationen kumulieren, welche die Wissenschaftlerinnen als (potenzielle) Landesministerinnen prädisponieren. Allerdings werden ihre Leitungskompetenzen und Leitungserfahrungen als Qualifikationsargumente von keiner unserer Interviewpartnerinnen explizit als eine zentrale Nominierungsvoraussetzung genannt. Vielmehr wird häufig die mit der Repräsentationsfunktion eines wissenschaftlichen Leitungsamtes verbundene

---

61 Zwei der späteren Ministerinnen können Behördenerfahrungen aufweisen, zwei der Sozialwissenschaftlerinnen sehen ihre wissenschaftliche Qualifizierung als zumindest förderlich für ihre Amtsausübung an, eine weitere sieht Übereinstimmungen zwischen ihrer fachlichen Qualifizierung und der Beschreibung ihres Ministeriums, das nicht die Wissenschaftspolitik abdeckt.

Aufmerksamkeit betont, die im öffentlichen Raum gewonnen wurde. Insbesondere die Professorinnen, die in den 80er Jahren als Pionierinnen derartige Positionen bekleideten, gerieten dadurch ins Zentrum des öffentlichen Interesses und konnten durch Auftritte sowohl in den Medien als auch auf wissenschaftsnahen Konferenzen öffentliche Aufmerksamkeit erlangen. Sie fallen auf, gewinnen an öffentlicher Akzeptanz[62] und stellen unter Beweis, dass sie einer öffentlichen Repräsentationsfunktion gewachsen sind:

> „Und dann bin ich sicher, dass der [designierte Ministerpräsident] beraten wurde, mich zu nehmen, weil ich Vizepräsidentin (...) war (...). Mein einziger Job war, dass ich Vizepräsidentin der Uni war und ganz gut bei den Medien in der Zeit ankam. Und ich hatte keinerlei Parteikarriere. (...) Das höchste, was ich in der Partei war, war Hilfskassiererin" (E: 65-73 und 577-584)

Die Ministerpräsidenten (der Länder), die die Ministerinnen für die (Schatten)Kabinette nominierten, konnten davon ausgehen, dass die Nominierung einer Professorin auf öffentliche Akzeptanz stoßen würde, da sie sich als „Ausnahmefrauen" bereits profiliert hatten – gestützt auf das kulturelle Kapital aus der Professur und den Leitungspositionen in den Hochschulen.

Unter Gesichtspunkten der Legitimation politischer Entscheidungen stellt die Berufung von Frauen im Professorinnenstatus für die jeweilige Landesregierung zudem einen doppelten Gewinn dar. Mit der Nominierung einer Frau präsentiert sie sich als modern und die Gleichstellung fördernd (gesellschaftspolitischer Legitimationsgewinn), durch die Nominierung einer profilierten Wissenschaftlerin gewinnt sie Legitimation, indem sie signalisiert, wissenschaftlichen Fachverstand in politische Entscheidungsprozesse einzubeziehen (Legitimation durch Expert/innenwissen).

Die fachliche Qualifikation der Professorinnen – als Voraussetzung für ihre Rekrutierung – wird, wie bereits festgestellt, von ihnen selbst eher zwiespältig gesehen und bewertet. Insbesondere eine der ehemaligen Ministerinnen widerspricht vehement der Annahme, die fachliche Qualifizierung durch eine Professur sei für die Rekrutierung ins Amt und für die Ressortzuordnung von ausschlaggebender Bedeutung. Den rekrutierenden Politikern sei es bei den Nominierungen

---

62 Die Bedeutung der Öffentlichkeitswirksamkeit für die Rekrutierung in hohe parteipolitische Positionen wird durch Analysen der Personalrekrutierungsverfahren am Beispiel der SPD Anfang der 1990er Jahre unterstützt. Hier resümiert Leif (1992), übertragbar auf die Landespolitik: „Das Leitmotiv der SPD-Personalpolitik auf Bundesebene scheint das Ziel der symbolischen Platzierung und der damit verbundenen Integrationsleistungen zwischen den Parteiströmungen sowie der aktuellen und langfristigen plakativen Öffentlichkeitseffekte zu sein" (Leif 1992: 235f.).

in erster Linie auf eine positive Medienpräsenz sowie auf den Titel (Professorin) angekommen, also auf den hohen sozialen Status und das gesellschaftliche Ansehen, die mit einer Professur verbunden sind. Die Bewertungen der Rekrutierungskriterien aus Sicht all dieser Akteurinnen, die durch ihre Berufung zumindest zeitweise dem politischen Feld angehör(t)en, lassen zusammengenommen vermuten, dass es Phasen gibt, in denen die Integrationschancen für die Professorinnen aufgrund des mit der Professur verbundenen höheren Status besonders günstig sind. Die Problematik, dass diese höheren Integrationschancen zugleich ein Diskriminierungsmuster beinhalten, insofern Frauen eines höheren sozialen Status bedürfen als Männer, um in das politische Feld rekrutiert zu werden, lässt sich allein aufgrund der Interviews nicht abschließend beantworten. Das in der folgenden Interviewsequenz dargestellte Muster gewährt jedoch weitere Einblicke in die (durchaus diskriminierenden) Spielregeln des politischen Feldes:

> „Das war eine bestimmte Phase der Rekrutierung von Frauen, wo zur Erfüllung der Anforderung, mehr Frauen zu haben, sie aus der Wissenschaft die Frauen abgegriffen haben. Weil sie glaubten, das sind die einzigen, die repräsentieren können und die einzigen, die möglicherweise die Aufgaben erfüllen können. (...) Meiner Ansicht nach hat das aufgehört. (...) Weil sie wahrnehmen, dass man nicht Professorin sein muss, um mit der Qualifikation eines hergelaufenen männlichen Schnösels gleichzuziehen" (E: 15-36).

Unabhängig davon, ob solche Einschätzungen möglicherweise auf die Zeit der Frauenkabinette zu begrenzen sind, als Ende der 1980er/ Anfang der 1990er Jahre in den alten Bundesländern Frauen, vermehrt auch Professorinnen, Ministerinnen wurden, sprechen die Bewertungen der Spielregeln des politischen Feldes aus der Sicht einer weiteren (ehemaligen) Ministerin dafür, im Status der Professorinnen einen der Hintergründe für die erhöhten Integrationschancen zu sehen:

> „Ich meine, die Frauen haben wenig Chancen in der Politik, aber wenn sie sich schon vorher eine hohe Position erworben haben, dann schaffen sie es leichter. Also der Aufstieg von unten ist schwieriger, aber wenn man schon höher ist, dann wird man auch gefragt (...). Und deswegen kommen plötzlich mehr Professorinnen, was eigentlich nur zeigt, dass die Politik die Frauen nicht rekrutiert hat" (G: 291-302).

Dass einige Parteien hinsichtlich der politischen Repräsentation von Frauen einen Vorsprung erreich(t)en, wird in der Literatur v.a. auf die Einführung der Quotierung bei der Besetzung der innerparteilichen Ämter zurückgeführt (vgl. z.B. Hoecker 1998).[63]

---

63 Die seit etwa Mitte der 1980er Jahre zu beobachtende verstärkte Berufung von Frauen als

Auch aus der Sicht mehrerer unserer Interviewpartnerinnen stellt sich ein enger Zusammenhang zwischen den (Nach-)Wirkungen der westlichen Frauenbewegung und den Veränderungen innerparteilicher Machtkonstellationen aufgrund der Quote her. Insbesondere in ihren Retrospektiven auf die Zeit der (rot-grünen) ‚Frauenkabinette' Ende der 80er/ Anfang der 90er Jahre sehen v.a. diejenigen mit westdeutschem Hintergrund und für das Amt der Ministerin „direkt angesprochenen" Professorinnen gleichzeitig den opportunen Blick der Parteien auf den Zugewinn der Stimmen v.a. von Wählerinnen als einen ausschlaggebenden Faktor, um verstärkt Frauen als Ministerinnen zu nominieren:

> „Ich glaube schon, dass es auch ein Höhepunkt der Frauenbewegung war, dass die Frauenbewegung anerkannt worden ist und man glaubte, die Stimmen maximieren zu können, wenn man auch die Frauen direkt angesprochen hat. (...) Es war Kalkül, reines Kalkül. Aber wirklich [lacht]" (D: 862-869).

Die Tatsache, dass in dieser Situation vermehrt Professorinnen als Seiteneinsteigerinnen in die Politik berufen wurden, wird von einigen der Interviewten auch als machtpolitisches Kalkül bewertet, das sich gegen die Frauen richtete, die innerhalb der Partei zur Verfügung gestanden hätten.

> „[Der designierte Ministerpräsident] wollte [eine Parteifrau] verhindern. Die war zuständig für Wissenschaftspolitik im Landtag und die hatte eine blutige Nase. Die hatte er ihr geschlagen und die anderen Männer, und die hatte er keine Lust zu sehen. (...) Sie war verletzt, sie hatte eine Meinung, die nicht immer (...) mit seiner identisch war. Und er wusste, dass er mit einer Seiteneinsteigerin wie mir viel leichteres Spiel hatte" (E: 534-541).

Die weitgehende (partei-)politische Unerfahrenheit der Professorinnen erscheint hier als ein weiterer Aspekt des Kalküls, da sie möglicherweise als leichter beeinflussbar eingeschätzt werden. Vor dem Hintergrund der Erwünschtheit, Frauen zu nominieren, mögen zudem strategische Überlegungen eine Rolle gespielt haben, Kandidatinnen von außen als Erfolg versprechende Konkurrentinnen gegen andere (potenzielle) Kabinettsmitglieder aus der eigenen Partei einsetzen.

> „Und bei [designierter Ministerpräsident eines anderen Bundeslandes] bin ich es geworden, weil der seine Männer loswerden wollte. Und die konnte er nur durch Frauen [loswerden]" (E: 654-656).

Ministerinnen wird in der Forschungsliteratur insbesondere für die Ebene der Bundesländer im Westen konstatiert: „Ihr inzwischen erfreulich hoher Anteil von durchschnittlich 30 Prozent geht vorrangig auf die SPD zurück, die verstärkt Frauen als Ministerinnen berufen hat; bei der CDU/CSU dagegen besteht hier noch erheblicher Nachholbedarf" (Hoecker 1998: 169f.).

Die Ambivalenz des Ausspielens, die in der Funktionalisierung von Seiteneinsteigerinnen besteht, verdeckt aus der Sicht einiger der Befragten somit eine als gering eingeschätzte Integrationsbereitschaft für Frauen seitens der Parteien. In dem Konflikt zwischen den etablierten politischen Eliten, in die Frauen aus der eigenen parteipolitischen Umgebung ebenso hineindräng(t)en wie Persönlichkeiten der sozialen Bewegungen, die von außen zu integrieren waren, boten sich die Professorinnen als ein zu rekrutierendes Potenzial an. In solchen Phasen kann der relativ hohe soziale Status und das Ansehen, die mit einer Professur verbunden sind, integrationsfördernd sein.

Um in künftigen Untersuchungen weiteren Aufschluss über die Janusköpfigkeit eines gleichzeitig wirkenden geschlechterdifferenzierenden Diskriminierungs- und Integrationsmusters zu erhalten, stellen die zeithistorischen Gelegenheitsstrukturen einen zu berücksichtigenden Faktor dar. Im Rahmen dieser Untersuchung ist feststellbar, dass die so genannten (rot-grünen) Frauenkabinette andere Implikationen beinhalten als die Berufungen der Ministerinnen während und nach der Wendezeit in den neuen Bundesländern. Dort stellt der aus sozialhistorischer Perspektive relativ hohe Elitenaustausch (vgl. z.B. Welzel 1997) eine zentrale Markierung für eine weitergehende Analyse der geschlechterdifferenten und -differenzierenden Integrations- bzw. Exklusionsmuster dar.

Auf die Erfahrungen zurückblickend, wird in den Interviews keinesfalls der Eindruck vermittelt, als würden die Professorinnen, die herausgehobene Ämter in der Politik inne hatten, diese Zeit bereuen. Sie trauern ihr jedoch auch nicht nach. Gewöhnungsbedürftig war allerdings für die meisten der Verbrauch der Zeit sowie eine bestimmte Art des Sich-Durchsetzens, die ebenfalls Zeit verbrauchte; zwei Aspekte, die dazu führen, dass die Zeit in der Politik als entfremdend empfunden wird.

> „Ich habe immer viel gearbeitet. Ich weiß jetzt gar nicht, ob es wirklich stundenmäßig mehr ist. Aber der Unterschied ist, dass es einfach vordiktierte Zeit ist, nicht mehr [ich], sondern andere den Terminkalender gemacht haben. Und das macht natürlich einen gravierenden Unterschied. Und der Unterschied ist auch, dass es so zerhackte Termine sind (...) Also als Professorin (...) muss man auch entscheiden und beeinflusst Dinge. Aber hier ist das eine andere Dimension. Und du musst ganz schnell sein. Du kannst ja nicht lange abwägen. Manchmal musst du Ruck-Zuck Ja oder Nein sagen" (K: 493-510).

Eine andere Art des Zeitverbrauchs beinhaltet das Sich-Durchsetzen innerhalb der Parteien. Es erfordert die Beteiligung an vielen, lang dauernden, offiziellen Terminen und Sitzungen, aber auch einen erheblichen Zeitaufwand für die – teilweise ritualisierte – informelle Kommunikation. Es gibt Vorbesprechungen und Nachsitzungen zu den offiziellen Terminen, in denen viel Politisches (vor)entschieden wird. Dieses als Kungeln bezeichnete politische Handeln diene im politischen Feld dazu, sich durchzusetzen und erfolgreich zu sein. Von diesem Kungeln grenzen sich unsere Befragten deutlich ab. In diesem Zusammenhang wird auch die Sichtweise vertreten, dass eine wissenschaftliche Herkunft bzw. eine Identifizierung mit den Regeln des wissenschaftlichen Feldes im politischen Feld sehr hinderlich sein könne, insofern sie den Spielregeln des politischen Feldes entgegenstehe.

> „Ich habe nicht so wahnsinnig für die Politik getaugt (...), weil ich ein persönliches Defizit habe in den Anforderungen, die Politik stellt. Ich bin absolut unfähig, Nächte durchzusaufen (...). Und ich hatte vor allen Dingen einen irrsinnigen Fehler. Ich war immerfort abhängig von Argumenten. (...) Wir diskutieren im Kabinett und (...) wir stimmen ab und ich hebe meine Hand. Da sagt er [ein Kollege] zu mir: ‚Bist du verrückt? Ich sage: Was ist denn? Sagt er: Hast du mit ihm darüber gesprochen, was du dafür kriegst? Ich sage: Wieso sollte ich mit ihm darüber reden, wenn er doch recht hat? Da sagt er: Du lernst es nie!' Und das stimmt. Ich hätte zuvor (...) zu demjenigen hingehen können und sagen: Pass mal auf. Ich brauche die Unterstützung in folgendem Punkt und du kriegst meine, wenn ich deine krieg" (E: 1342-1368).

Erschwerend sei hinzugekommen, dass sie sich auch als Ministerin durch Diskussionen habe überzeugen lassen, was von ihrem Haus (Ministerium) als Kardinalfehler betrachtet wurde:

> „Sie verlangten von mir, dass ich eine Position durchsetze, aber mich nicht überzeugen lasse. (...) [Das] fand mein Haus (...) unerträglich. (...) Ja, wenn man sich überzeugen ließ, musste es heimlich sein. Man durfte niemals sagen: Das sehe ich ein. Niemals! (...) Man durfte es nicht sagen. Und dafür bin ich nicht gemacht" (E: 1403-1413).

Hier werden Spielregeln des politischen Feldes, wie Tauschgeschäfte in Abstimmungssituationen, das Durchsetzen von Positionen ohne inhaltliche Auseinandersetzungen etc., kurz die Machtspiele in der Politik sichtbar. Insbesondere die Machtspiele des politischen Feldes, die von den Befragten implizit (wie im letzten Beispiel) oder explizit mit Machtspielen unter Männern gleichgesetzt werden, werden von ihnen in den Interviews in deutlich distanzierend-ablehnender Haltung zur Sprache gebracht.

Bezüglich der Faktoren, die die Nominierung von Frauen opportun erscheinen lassen, lässt sich festhalten, dass innerparteilicher Druck ebenso eine Rolle spielt wie gegebenenfalls die Funktionalisierung der Nominierung einer Wissenschaftlerin als Erfolg versprechende Konkurrenz gegen andere Kandidat/innen, die umgangen oder politisch verhindert werden sollen. Somit sind es komplexe Machtkonstellationen, die für die Beurteilung von Integrationschancen ausschlaggebend sind.

4.2 Selbstzuordnungen zum Feld der Wissenschaft oder Politik

Die Selbstzuordnung der Spitzenfrauen zu den Feldern der Wissenschaft oder der Politik ist phasenabhängig unterschiedlich je nachdem, welche Arbeitsschwerpunkte jeweils wo gesetzt werden. Einige rechnen sich zum Befragungszeitpunkt der Politik zu, bezogen auf das Wissenschafts- oder ein anderes Fachressort. Andere verorten sich enger zum Feld der Wissenschaft. Mit einer Ausnahme verstehen sich alle nach wie vor als Wissenschaftlerinnen.

Wie es die Frauen als Person vereinbart haben, in der Wissenschaft Karriere gemacht zu haben und diese dann zugunsten eines anderen, ihnen mehr oder weniger unvertrauten Terrains zu verlassen, ist unterschiedlich. Wir interessieren uns an dieser Stelle für die persönliche Seite. Dabei lassen sich fünf Unterscheidungen einführen. Sie stellen eher Schattierungen als starke Kontraste dar: Grenzgängerinnen, Spagat-Frauen, Wissenschaftsmanagerinnen, Politikerinnen auf Zeit und politische Wissenschaftlerinnen:

Grenzgängerinnen
Einige der Frauen betrachten sich als Grenzgängerinnen. Eine bezeichnet sich spontan so, sieht sich aber in einer Sonderrolle, da sie sich in einer unabhängigen Position befindet und zwischen Parteien und Institutionen, zwischen Wissenschaft und Politik vermittelt. Sie beschreibt dies als eine selbst kreierte Expertenrolle:

> „Ich kreiere eine Expertenrolle, die es Menschen mit reicher Erfahrung in dem einen oder anderem Bereich erlaubt, jenseits der offiziellen formalen Einbindung durch ein Amt – das ist das Wichtige – tätig sein zu können. Alles läuft über hauptberufliche Positionen, das Ansehen, das Prestige (...). Und insofern ist die Expertenrolle eine wirklich kreierte" (D: 1707-1720).

Zwei andere, die als Beraterinnen im politischen Feld auf der Basis ihrer hauptberuflichen wissenschaftlichen Position tätig sind, schwanken bei der Einschätzung, welchem der beiden Feldern sie sich zuordnen würden: im Zweifelsfalle keinem, da sie, auf ihre persönliche Reputation vertrauend, immer wieder zwischen Wissenschaft und Politik hin- und herpendeln.

Spagat-Frauen
Diese Frauen betonen die Differenzen zwischen wissenschaftlichem und politischem Handeln, versuchen aber die Orientierung an beiden ‚Extremen' aufrecht zu erhalten. Eine hat sich zum Befragungszeitpunkt für die Politik entschieden und eine andere für die Wissenschaft. Persönlich haben beide die sich ihnen bietende Chance ergriffen, Politik mitzugestalten. Dennoch klingt es wie eine Entscheidung auf Zeit und Probe. Die Zweite engagiert sich – obwohl in einem politischen Hochschulamt und in hochrangigen Wissenschaftsorganisationen tätig – weiterhin dafür, Forschungsprojekte durchzuführen und sich als Forscherin auszuweisen. Eine dritte Expertin, die wir nicht zu dieser Gruppe zurechnen, kommentiert solche Spagatsituationen:

> „Eine hervorragende Wissenschaftlerin und eine ausgewiesene Politikerin zu sein oder sagen wir ausgebuffte, (...) das kann man nicht. Man muss schon in der einen oder anderen Weise sich entwickeln und stabilisieren. Und dieser Grenzübertritt muss irgendwann auch einmal vollkommen durchgeführt werden. Das sieht man auch bei Männern. Nur (...) mit ganz wenigen Ausnahmen ist es möglich, beides zu verbinden." (D: 1661-1673).

Wissenschaftsmanagerin
Die Rolle als Wissenschaftsmanagerin kommt mehreren Befragten entgegen. Da auch in der Hochschule politische und Verwaltungsaufgaben zu bewältigen sind, sobald Verantwortung für einen größeren Bereich übernommen wird, kommen ihnen diese Erfahrungen im politischen Feld zugute, wenn sie dort Sachverstand organisieren, Personal führen und Prozesse steuern. Wissenschaftsmanagerin ist in mehr oder minder starken Ausmaß fast jede dieser Spitzenfrauen, einige jedoch mit eher politischem, andere mit eher wissenschaftlichen Zielsetzungen.

Politikerinnen auf Zeit
Auch diejenigen, die sich als Politikerinnen bezeichnen, sehen sich nicht als Berufspolitikerinnen. Wir bezeichnen sie als Wissenschaftlerinnen in der Politik oder Politikerinnen auf Zeit. Eine hat sich vorbehalten, jederzeit in die Wissenschaft zurückzukehren. Eine andere sieht sich von der politischen Großwetterlage abhängig und auf unsicherem Terrain, ohne zurück in ihre Fakultät zu streben.

> „Aus der Wissenschaft bin ich schon ganz schön raus. Und dann bin ich vielleicht auch so von der Kommunikationsfähigkeit und diesen Dingen in dem Bereich [der Politik] gar nicht so schlecht. (...) Und so gesehen war ich vielleicht als [Fachwissenschaftlerin] auch nicht der ganz typische Fall. Also ich bin zufrieden mit dem, was ich jetzt mache, sehr" (L: 988-990 und 1000-1002).

Politische Wissenschaftlerinnen
In diese Gruppe reihen wir Frauen ein, die ihre wissenschaftliche Tätigkeit von Anfang an in einen politischen Kontext gestellt haben. Von ihnen wird das offizielle politische Amt als bedeutsame Erweiterung des Erfahrungsspektrums bewertet und eine polare Trennung von Wissenschaft und Politik eher abgelehnt. Das eigene Agieren in Hochschule und Wissenschaft wird durchgängig in einer politischen Perspektive verfolgt, in der wissenschaftliches Handeln immer auch als ein auf gesellschaftliche Veränderungen zielendes und insofern als ein politisches Handeln begriffen wird:

> „Also ich habe nie eine Wissenschaft im Elfenbeinturm gemacht, (...) [sondern um] Resultate an die Oberfläche zu bringen, die (...) irgendwie handlungswirksam wurden. (...) Ich hatte immer ein politisches Anliegen, nicht ein parteipolitisches, aber immer ein politisches Anliegen. (...) Ich bin im Augenblick Politikerin und bin natürlich als Wissenschaftlerin immer eine politische Wissenschaftlerin. Das ist mir (...) wichtig, also daran würde sich auch nichts ändern. Und (...) dieser Aspekt könnte ja sozusagen eher verstärkt werden durch diese praktische politische Erfahrung" (K: 1087-1094, 1786-1791 und 1821-1825).

Diese fünf von uns vorgenommenen Unterscheidungen sind nicht statisch, sie deuten eher die Variationsbreite an, innerhalb derer sich die Frauen mit ihren zweifachen Orientierungen phasenabhängig jeweils mehr auf der einen oder anderen Seite verorten. Einige haben mehrere dieser Varianten durchlaufen. Während es bei einigen zum Befragungszeitpunkt des Interviews relativ klar ist, ob sie sich zum Feld der Wissenschaft oder dem der Politik gehörig empfinden, gibt es andere, die sich dazwischen verorten.

4.3   *Politik und Politikberatung als Orte der Wahrnehmung gesellschaftlicher Verantwortung?*

Jede der interviewten Spitzenfrauen nimmt aus ihrer Position und Perspektive eine Ausnahmeposition in der Politik ein. Insbesondere von den als Ministerinnen tätigen Professorinnen wird mehrheitlich eine polare Abgrenzung des wissenschaftlichen vom politischen Feld vorgenommen. Besonders hervorgehoben wird in der Regel die Unabhängigkeit, die ihnen ihre Professorinnenposition gegenüber dem Wirken im Feld der Politik ermöglicht. Während die wissenschaftliche Tätigkeit die vergleichsweise größere Unabhängigkeit insbesondere in der zeitlichen und argumentativem Selbstbestimmung biete, erscheint die Fremdbestimmtheit u.a. durch die Arbeits- und Zeitstrukturen des politischen Feldes ungleich höher.

Nicht zu übersehen ist, dass sich hinter diesen Wahrnehmungen ein Spannungsbogen ausmachen lässt. Er besteht zwischen der Unabhängigkeit, die die Professorinnenposition des wissenschaftlichen Feldes beinhaltet, gegenüber der erweiterten Entscheidungsmacht im Feld der Politik (speziell durch das politische Amt der Ministerin). Entscheidungsmacht über strukturelle Bedingungen in frauen- und (wissenschafts)politischen Politikfeldern und die höhere Selbstbestimmung auf der Ebene gesellschaftlicher Gestaltungsmöglichkeiten klingen hinter der negativen Konnotation durch, mit der sich die Gesprächspartnerinnen von den Spielregeln in der Politik abgrenzen. Werden die Spielregeln im Feld der Politik z.T. als konträr zur Wissenschaft empfunden (Durchsetzungsmacht versus Offenheit für Argumente, Tauschgeschäfte in Abstimmungssituationen etc.), so bietet die politische Gestaltungsmacht doch auch eine Alternative und Gelegenheit, die auf das wissenschaftliche Feld begrenzte Entscheidungsmacht zu überschreiten. Damit eröffnet die Politik nicht nur ein Karrierefeld, sondern auch ein praktisches Spielfeld für neue Gestaltungsmöglichkeiten und Einsätze (eine andere Art des Engagements für die eigenen Ziele), und kann – auch dies ist ein in unseren Interviews mehrfach auftauchendes Motiv – für Abwechslung von der Routine und Langeweile des Wissenschaftsbetriebs sorgen.

Die Forschungsfrage nach dem Cross over beinhaltet die Frage nach der Professionalisierung insbesondere auch von Wissenschaftlerinnen als Expertinnen in der Politikberatung und damit eine wissenschaftspolitisch-praktische Seite. Eröffnet doch die (neue) offizielle politische Strategie des vom Bundesministerium für Bildung und Forschung implementierten Gender-Mainstreaming zumindest potenziell die Möglichkeit, Gender-Expertisen in den Hauptstrom aktueller Hochschulmodernisierung einzuführen. Die Politikberatung durch Wissenschaftlerinnen mit dem Gender-Blick bietet, wie im Ergebnis unserer Untersuchung festzustellen ist, hierfür ein neues praktisches Handlungsfeld.

Alle zehn interviewten Spitzenfrauen sind mehr oder minder direkt mit der Frauenpolitik verbunden: indem sie z.B. in Mentorinnen-Programme eingebunden sind oder sich im politischen Amt (z.B. als Ministerin) bzw. im wissenschaftspolitischen Amt (z.B. als Hochschulrektorin oder als Mitglied des Wissenschaftsrates) auch für die Frauenförderung und Gleichstellungspolitik einsetzen. Darunter befinden sich drei Frauen, die sich von den anderen dadurch unterscheiden, dass sie als Initiatorinnen von Projekten gelten können, die mit der expliziten Zielstellung entwickelt wurden, die Karrieren von ‚Frauen in der Wissenschaft' zu befördern und für Führungsaufgaben an Schnittstellen zur Politik und zur Wirtschaft zu qualifizieren. Eine dieser Frauen formuliert dies so:

„Wir wollen mehr Frauen in Führungspositionen haben. Wir wollen Frauen, die in Führungspositionen sind, dabei unterstützen, dass sie mehr Einfluss und mehr Macht haben und sie auch gut nützen können. (...) Wir wollen versuchen, dass wir möglichst viele Junge auch dazu bringen, ihren Karriere- und auch Führungswunsch zu spüren, ernst zu nehmen und sich daran zu orientieren und nicht zu sagen: ‚Na ja, mal sehen, wie dann mein Mann, (...) mal sehen wie es kommt und ob mir was angeboten wird'. Sondern dass sie von sich aus (...) sagen: Ich will das und dann (...) das Richtige tun (...), um das auch zu erreichen. Und wir wollen sie dabei (...) auch praktisch unterstützen" (C: 76-90).

Gemeinsam ist den Projektinitiatorinnen, dass sie die Qualifizierung von Frauen für gesellschaftliche Spitzenpositionen in unterschiedlicher Weise zu einer ihrer wesentlichen Aufgaben gemacht haben. Eine der Frauen, die sich als Laufbahn-Politikerin sieht, aber nicht explizit Politikerin ist, war beispielsweise an der Gründung mehrerer Institutionen der Frauen- und Gleichstellungspolitik beteiligt, so dass sie ihren jetzigen Status auch als Ergebnis ihrer eigenen politischen Aktivitäten begreift. Genau betrachtet ist es Wissenschaftsmanagement für Frauenbelange, das sie betreibt, mit Erfahrungen, Kontakten und Netzwerken, in die sie eingebunden ist bzw. die sie mitgeschaffen hat. Auch die anderen Initiatorinnen haben Institutionalisierungen eigener Art im größeren Kreis bewerkstelligt und repräsentieren Einrichtungen, die es ohne sie nicht gegeben hätte.

Insofern haben wir es bei den Cross-over-Positionen nicht nur mit Ankoppelungen zwischen Wissenschaft und Politik zu tun, sondern auch mit neuen Institutionen, die an Schnittflächen gesellschaftlicher Felder (Wissenschaft, Ökonomie, Politik etc.) liegen. Sie zeichnen sich durch den besonderen wissenschafts- und gesellschaftspolitischen Aufgabenbezug aus, Frauen mit Hochschulbildung und -karriere gezielt auf die Übernahme von Leitungs- und Führungsaufgaben vorzubereiten.

IV. Grenzgänge zwischen Wissenschaft und Politik. Ein Fazit

Wie insbesondere an den Laufbahnen der interviewten Wissenschaftlerinnen verdeutlicht werden konnte, wurden sie über ihren unmittelbaren Arbeitsbereich in der Wissenschaft hinaus zu bestimmten Zeitpunkten auch öffentlich in den Medien bekannt, und dadurch gerade in Phasen prominent, in denen Demokratisierungs- und Integrationsfähigkeit der herrschenden Eliten besonders herausgefordert waren. Die Einnahme der hochschulischen Leitungspositionen als Rektorin oder Hochschulpräsidentin erweist sich, wie vor allem die Laufbahnen der Professorinnen westdeutscher Herkunft für die 1980er Jahre belegen, gerade in einer Zeit als förderlich, in der sie zu den Pionierinnen in diesen Ämtern gehören. Die Ämter verschaffen eine öffentliche Sichtbarkeit, die zu einer wichtigen Voraussetzung in den Laufbahnen v.a. der Professorinnen wurde, die zeitweise in das politische Amt der Ministerin wechselten. Der parteiinterne Aufstieg spielt in den politischen Biografien von allen zehn mündlich befragten Wissenschaftlerinnen kaum eine Rolle. Wir haben es mit politischen Quer- bzw. Seiteneinsteigerinnen zu tun. Dies dokumentiert sich in den Selbstwahrnehmungen u.a. in einer gewissen Ferne zu den parteiinternen Aufstiegswegen. Die Entscheidung für eine bestimmte Partei musste, wie v.a. für die Laufbahnen der Professorinnen ostdeutscher Herkunft für die 1990er Jahre festzustellen ist, erst nach der Übernahme des ersten politischen Amtes getroffen werden. Als Ergebnis der Analyse zeigt sich, dass diese Wissenschaftlerinnen in dem Machtfeld eine widersprüchliche bis ambivalente soziale Position einnehmen. Den Spielregeln des Feldes gemäß haben sie sich die Anerkennung als Expertin erworben. Da sie als anerkannte Expertinnen die ersten bzw. die einzigen waren, bleibt diese von Frauen eingenommene soziale Position im Rahmen der symbolischen Geschlechterordnung dem Druck ausgesetzt, die bestehende Geschlechterordnung als ‚die Vorzeigefrau an der Spitze' eines Ministeriums bzw. einer Hochschule oder Wissenschaftsorganisation zu legitimieren. Ein weiteres hervorzuhebendes Ergebnis besteht darin, dass trotz der in den Stellungnahmen feststellbaren Geschlechterdifferenzen immer wieder Übereinstimmungen in Kernfragen zur Einschätzung des Feldes erzielt werden. Diese Ergebnisse zur Bewertung der im Feld relevanten Leistungs- und Anerkennungskriterien etc. sprechen dafür, dass die für die Untersuchung ausgesuchte Gruppe ein bestimmtes Elitemilieu repräsentiert. Es zeichnet sich u.a. dadurch aus, dass die Wissenschaftler/innen für sich selbst kaum einen Gewinn darin sehen, Positionen im politischen Feld (in Parteien und Parlamenten) zu besetzen. Eher erscheint die dichotome Unterscheidung zwischen wissenschaftlicher Leistung (Leistungselite) und politischer Macht (Positions- und Machtelite), wie sie von den schriftlich befragten Wissenschaftler/innen vorgenommen wurden, einen Orientierungsrahmen auch für die Selbstzuordnung oder Abgrenzung zu einer Steuerungselite des wissenschaftspolitischen Machtfeldes zu bieten. Die Wahrung von Abständen zum politischen Feld finden wir auch bei den interviewten Cross-over-Wissenschaftlerinnen, die die Spielregeln in der Politik sogar als konträr zu denen in der Wissenschaft empfinden. Während die wissenschaftliche Tätigkeit die vergleichsweise größere Unabhängigkeit z.B. in der zeitlichen und argumentativem Selbstbestimmung bietet, erscheint die Fremdbestimmtheit u.a. durch die Arbeits- und Zeitstrukturen in der Politik ungleich höher. Gleichzeitig bietet die politische Gestaltungsmacht eine Alternative, um die Begrenzungen von Macht und Einfluss von Wissenschaftler/innen auf wissenschaftspolitische Entscheidungen zu überschreiten. Während politische Ämter oder Funktionen in der Politikberatung ein Fenster für neue und andere Gestaltungsmöglichkeiten und Einsätze eröffnen, scheint in der gleichzeitigen Wahrung von Distanz zum politischen Feld eine der größten milieuspezifischen Gemeinsamkeiten zwischen den befragten Frauen und Männern aus der Wissenschaft zu bestehen. Dies wird auch daran deutlich, dass insbesondere im Ergebnis der standardisierten Befragung mehrheitlich der Status-Quo der Entscheidungshierarchisierung im Machtfeld befürwortet wird. Zwar fordert ein nicht unerheblicher Teil eine wirkungsvollere, verbindlichere Beteiligung wissenschaftlicher Expert/innen an wissenschaftspolitischen Entscheidungen, doch werden auch in diesen Fällen mehrheitlich die bestehenden Beteiligungs- und Mitentscheidungsmöglichkeiten präferiert. Dass politikberatende Expert/innen aus der Wissenschaft verstärkt (zeitlich befristet) einen Wechsel in politische Ämter und Funktionen vollziehen sollten, wie dies einige der für die mündlichen Befragungen ausgewählten Wissenschaftlerinnen taten und als bereichernde Perspektive für Wissenschaft und Politik darstellten, taucht in den Stellungnahmen der schriftlich Befragten zu möglichen Veränderungen des Zusammenspiels zwischen Wissenschaft und Politik als eine ernst gemeinte Perspektive so gut wie nicht auf. So bleibt die Cross-over-Position im Sinne des Übertritts von Wissenschaftler/innen in ein politisches Amt eine seltene Position in dem Machtfeld. Auch insofern sind die für die Untersuchung ausgewählten Cross-over-Wissenschaftlerinnen nicht nur Grenzgängerinnen zwischen wissenschaftlichem und politischem Feld, sondern auch Pionierinnen in beiden Feldern. Sie rechnen sich selbst, wie auch die im Rahmen der Fragebogenerhebung Stellung nehmenden Professor/innen, unter teilweise expliziter Abgrenzung von elitärem Denken oder einer elitären Selbstwahrnehmung, mehrheitlich einer wissenschaftlichen Elite zu und heben dabei das persönliche Verantwortungsgefühl hervor. Weitere Kriterien für die Elite-Zuordnungen bilden die eingenommenen Positionen an der Spitze einflussreicher Wissenschafts- und Forschungsorganisationen und die Einbindung in Elitennetzwerke. Dies bedeutet vor allem, am aktuellen hochschul- und forschungspolitischen Strategiediskurs teilzunehmen und über wissenschafts- und forschungspolitische Konjunkturen möglichst hinweggehend als Gutachter/in auch im Vorfeld politischer Entscheidungen gefragt zu sein. Dahingegen wird der Preis, sich auf die Spielregeln des politischen Feldes einlassen zu müssen, von den befragten Wissenschaftler/innen als zu hoch eingeschätzt.

Was bedeuten diese Ergebnisse der empirischen Untersuchung für die Verbindung von sozialwissenschaftlicher Eliten- und Geschlechterforschung?

Thematisierungen und Theoretisierungen der marginalen Positionierung von Frauen als soziale Gruppe in Wissenschaft und hoch qualifizierten Berufen stellen in den Genderanalysen zu Hochschulen (vgl. z.B. Neusel/ Wetterer 1999, Metz-Göckel et al. 2000) und Forschungseinrichtungen (vgl. z.B. Matthies et al. 2001 und 2003) in der Bundesrepublik kein Novum mehr dar. Anders verhält es sich mit der Thematisierung der Rolle von Frauen in Spitzen- und Führungspositionen der Wissenschaft, Wirtschaft, Kultur etc. sowie der Zuordnung und Interpretation dieser Positionen zu den Eliten. Wie einleitend erwähnt, gibt es seitens der Frauen- und Geschlechterforschung Distanzierungen und Abgrenzungen gegenüber dem Elitenthema und der Elitenforschung insgesamt, die innerhalb der historischen Frauen- und Geschlechterforschung beispielsweise inzwischen kontrovers diskutiert werden (vgl. Schulz 2000). Mit Heike Kahlert (1999) lässt sich das seit den Anfängen der Frauen- und Geschlechterforschung etablierte Thema Frauen in gesellschaftlichen Führungspositionen auch als ein verdeckter Elitediskurs interpretieren.[64] Ob sich damit ein Perspektivenwechsel vollzieht und welche neuen Erkenntnismöglichkeiten eröffnet werden, gehört zu den Forschungsdesiderata.

Bisher zeichnet sich ab, dass aufgrund der Vorbehalte gegenüber sozialwissenschaftlichen Elitediskursen Verbindungslinien zwischen Eliten- und Geschlechterforschung am ehesten über ein Verständnis der neuen sozialen Bewegungen als „Gegeneliten" (Roth 1992) sowie über den demokratietheoretischen

---

64 Zum Thema Politikerinnen in Führungspositionen vgl. z.B. Penrose 1993, Schöler-Macher 1994, Schaeffer-Hegel 1995, Meyer 1997, Hoecker 1998. Zu Frauen in wissenschaftlichen Eliten vgl. Metz-Göckel 2000, Metz-Göckel et al. 2000.

Ansatz der Funktionseliten gezogen werden (vgl. Kahlert 1999). Der Ansatz der Funktionseliten lässt allerdings die entscheidende Frage offen, wie die gegeneinander abgegrenzten Funktionen soziologisch zu erden wären, damit das Geschlecht der Eliten sichtbar gemacht werden kann. Der Ansatz des „Elitemilieus" (Vester et al. 2001, Vester/ Gardemin 2001), der wiederum auf die Klassengeschlechtshypothese bei Petra Frerichs und Margarete Steinrücke (1997) zurückgreift, wonach (theoretisch) in Relation zu jeder sozial-ökonomischen Klasse (auf dem Papier) abgestufte Geschlechtsklassen existieren, hat den Vorteil, dass politische Meinungsführerschaften mit sozialkulturellen Elitenmilieus in Verbindung gebracht und Abhängigkeiten z.B. von Lebensstilen thematisiert werden können.

Relationale soziologische Sichtweisen, wie sie auch dem Ansatz der Elitemilieus zugrunde liegen, ermöglichen es, die mit den Begriffen Elite, Oberschichten oder herrschende Klassen bezeichneten gesellschaftlichen Gruppen nicht heraus- und losgelöst aus ihren sozialen Zusammenhängen zu betrachten (vgl. Krais 2001). In diesem Zusammenhang kommt der Begriff des Machtfeldes in den sozialwissenschaftlichen Elitendiskurs. Gegenüber dem Begriff der herrschenden Klasse (und vermutlich auch gegenüber dem Milieu-Ansatz) räumt Bourdieu dem Begriff des Feldes der Macht Vorrang ein, „weil das ein realistischerer Begriff ist, der eine ganz reale Population von Inhabern jener greifbaren Realität bezeichnet: (...) die Machtverhältnisse zwischen sozialen Positionen (...), die ihren Besitzern ein ausreichendes Quantum an gesellschaftlicher Macht – oder Kapital – sichern, um sie in die Lage zu versetzen, in die Kämpfe um das Monopol auf die Macht einzutreten, zu deren wichtigsten Dimensionen die Kämpfe um die Definition der legitimen Formen der Macht" gehören (Bourdieu 1996: 263). Eingebunden in die Konzeption des Machtfeldes ist auch die Vorzeige- bzw. Legitimationsfrau an der Spitze eines Ministeriums, einer Hochschule oder Wissenschaftsorganisation nicht als substanzielle Realität gegeben, sondern Resultat sozialer Praktiken und Auseinandersetzungen wie feldspezifischer symbolischer Geschlechterordnungen. Wenn die kritische Reflexion, die auch die Kategorie Geschlecht als Erkenntniswerkzeug zu einem eigenständigen Erkenntnisgegenstand zu machen hätte, hier weitgehend ausgeklammert bleiben muss, so ist mit den feldtheoretischen Überlegungen die Anforderung verbunden, die Konzepte demokratischer Elitenherrschaft moderner Gesellschaften als Männerherrschaft zu dekonstruieren.

Hieraus ergeben sich Vorbehalte gegenüber Ansätzen, die das Geschlecht der Eliten unsichtbar lassen bzw. machen. Dafür lässt sich abschließend beispielhaft der politikwissenschaftliche Elitendiskurses skizzieren. Im politikwissenschaftlichen Diskurs ist die Unzugänglichkeit für die Integration der Kategorie Geschlecht vor allem auf die Unzulänglichkeit politikwissenschaftlicher Machtbegriffe zurückzuführen. So hat z.B. das Modell der Funktionseliten zwar in der Kritik an der dichotom gefassten Machtverteilung zwischen Elite und Masse (bei den Klassikern Mosca und Pareto) einen Ausgangspunkt, doch ist diese Kritik für die Theoriebildung insofern folgenlos geblieben, als sie funktionalistisch gewendet wird. Indem der Anspruch erhoben wird, eine wertfreie und neutrale Analyse zu liefern: „allein im Blick auf empirisch feststellbare Funktionen der Eliten für die und in der Gesellschaft" (Lenk 1982: 30) wird den Führungsgruppen, die politische Macht ausüben, mit Verweisen auf die empirische Evidenz letztlich ein natürlicher Status zugeschrieben. Aufgrund der „Staatsorientierung" (Rebenstorf 1995: 200) verschwinden hinter den Elitefunktionen und positionen Macht und Herrschaft, klassen-, schicht- oder milieutheoretische Fundierungen nahezu vollständig. Andere Forschungslücken hinterlassen die Beiträge des mit den Methoden der Meinungsforschung arbeitenden deskriptiv-empirischen Strangs der Elitenforschung. Hier wird zwar verschiedentlich hervorgehoben, dass Führungsgruppen aus der Wissenschaft auch Einfluss nehmen auf die politische Elite, und dass sie vor allem an der Spitze im „zentralen Elitennetzwerk" (Hoffmann-Lange 1990: 175) sehr eng miteinander verbunden seien, doch bleiben die beiden gesellschaftlichen Felder als Sektoren abstrakt und voneinander abgehoben, was u.a. zu Entgegensetzungen zwischen einer politischen und nicht-politischen Elite führt (vgl. z.B. Bürklin/ Hoffmann-Lange 1999). Zudem ergibt sich aus der Deskription kein Bild davon, inwieweit Kopplungen bestehen, so dass das Geschlechterthema lediglich als statistische Größe, als Frauenanteil in der „deutschen Führungsschicht" (Schnapp 1997: 95), in den Blick kommt.

Die „geschlechtskritische Inspektion der Kategorien einer Disziplin" ist daher wie Eva Kreisky und Birgit Sauer (1997, Kreisky 1995, Kulawik/ Sauer 1996, Sauer 1997) für die Politikwissenschaft festgestellt haben auf Anleihen aus der Kultur- und Sozialanthropologie und aus der Soziologie der symbolischen Herrschaftsformen angewiesen. Wie gerade Bourdieu mit seinen Untersuchungen zu verschiedenen gesellschaftlichen Feldern wie der Literatur, Kunst und Kultur, Ökonomie, Religion und Politik auch empirisch dokumentiert hat, folgen die sozialen Praktiken eines jeden Feldes je spezifischen Logiken. Folglich käme es darauf an, gesellschaftliche Felder von dem jeweiligen Stand sozialer Auseinandersetzungen in ihnen und den darauf bezogenen symbolischen Geschlechterordnungen zu verstehen, und sie als sich durchkreuzende, überlagernde und sich gegenseitig beeinflussende Strömungen einer Vielzahl sozialer Praktiken und Akteur/innen sowohl innerhalb eines Feldes wie auch zwischen verschiedenen gesellschaftlichen Feldern zu durchleuchten.

Literatur

Becker-Schmidt, Regina/ Gudrun Axeli Knapp (Hg.) (1995): Das Geschlechterverhältnis als Gegenstand der Sozialwissenschaften, Frankfurt/ M., New York

Berger, Peter A./ Dirk Konietzka (Hg.) (2001): Die Erwerbsgesellschaft. Neue Ungleichheiten und Unsicherheiten, Opladen

Bittlingmayer, Uwe H./ Rolf Eickelpasch/ Jens Kastner/ Claudia Rademacher (Hg.) (2002): Theorie als Kampf? Zur politischen Soziologie Pierre Bourdieus, Opladen

Böhme, Gernot/ Wolfgang van den Daele/ Wolfgang Krohn (1973): Die Finalisierung der Wissenschaft, in: Zeitschrift für Soziologie, Jg. 2, Heft 2: 128-144

Bourdieu, Pierre (1991): „Inzwischen kenne ich alle Krankheiten der soziologischen Vernunft" im Gespräch mit Beate Krais, in: Bourdieu/ Chamboredon/ Passeron: Soziologie als Beruf. Wissenschaftstheoretische Voraussetzungen soziologischer Erkenntnis, hrsg. v. Beate Krais, Berlin: 269-283

Bourdieu, Pierre (1992): Homo academicus. Frankfurt/ M.

Bourdieu, Pierre (1992a): Die feinen Unterschiede. Kritik der gesellschaftlichen Urteilskraft. Frankfurt/ M.

Bourdieu, Pierre (1996): Die Praxis der reflexiven Anthropologie, in: Bourdieu/ Wacquant: Reflexive Anthropologie, Frankfurt/ M.

Bourdieu, Pierre (1997): Die männliche Herrschaft, in: Dölling, Irene/ Beate Krais (Hg.): Ein alltägliches Spiel. Geschlechterkonstruktion in der sozialen Praxis, Frankfurt/ M.: 153-217

Bourdieu, Pierre (1997a): Männliche Herrschaft revisited, in: Feministische Studien, Heft 2: 88-99

Bourdieu, Pierre (1998): Praktische Vernunft. Zur Theorie des Handelns, Frankfurt/ M.

Bourdieu, Pierre (1998a): Der doppelte Bruch, in: Ders. Praktische Vernunft, Anhang 2, Frankfurt/ M.: 83-90

Bourdieu Pierre/ Jean-Claude Chamboredon/ Jean-Claude Passeron (1991): Soziologie als Beruf. Wissenschaftstheoretische Voraussetzungen soziologischer Erkenntnis, hrsg. v. Beate Krais, Berlin

Bourdieu, Pierre/ Loic J.D. Wacquant (1996): Reflexive Anthropologie, Frankfurt/ M.

Braun, Dietmar (1997): Die politische Steuerung der Wissenschaft: ein Beitrag zum kooperativen Staat, Frankfurt/ M.

Bundesministerium für Bildung und Forschung (BMBF) (2000): Grund- und Strukturdaten 1999/ 2000, hrsg. v. Referat Öffentlichkeitsarbeit, Bonn

Bund-Länder-Kommission für Bildungsplanung und Forschungsförderung (BLK) (2002): Frauen in Führungspositionen an Hochschulen und außerhochschulischen Forschungseinrichtungen. Sechste Fortschreibung des Datenmaterials, Bonn

Bund-Länder-Kommission für Bildungsplanung und Forschungsförderung (BLK) (1996): Förderung von Frauen in der Wissenschaft. Fortschreibung des Berichts aus dem Jahr 1989, in: Materialien zur Bildungsplanung und zur Forschungsförderung, Heft 53, vom 25.3.1996, Bonn

Burkhardt, Anke (1997): Stellen und Personalbestand an ostdeutschen Hochschulen 1995 – Datenreport – hrsg. v. Institut für Hochschulforschung Wittenberg e.V. an der Martin-Luther-Universität Halle-Wittenberg, Juli 1997, Wittenberg

Burkhardt, Anke (1995): Besser als befürchtet – schlechter als erhofft. Zum Stand des Berufungsgeschehens an ostdeutschen Hochschulen aus Frauensicht, in: Hochschule ost, Heft 2: 107-121

Bürklin Wilhelm/ Hilke Rebenstorf et al. (Hg.) (1997): Eliten in Deutschland. Rekrutierung und Integration, Opladen

Dahrendorf, Ralf (1965): Gesellschaft und Demokratie in Deutschland, München

Deutsche Gesellschaft für Soziologie, Sektion Soziale Ungleichheit und Sozialstruktur-analyse: Oberschichten − Eliten − Herrschende Klassen, Tagung der Sektion am 20.-21. Juli 2001, Universität Mainz

Deutsches PISA-Konsortium (Hg.) 2001: PISA 2000. Basiskompetenzen von Schülerinnen und Schülern im internationalen Vergleich, Opladen

Deutsches PISA-Konsortium (Hg.) 2002: PISA 2000. Die Länder der Bundesrepublik Deutschland im Vergleich, Opladen

Die Zeit (2002): Statistik der Benachteiligung. Quelle: European Commission, DG RTD, Women and Science Unit, in: Die Zeit, Nr. 22, 23.05.2002

Dingler, Johannes/ Regina Frey (2002): Von der Praxis zur Gender-Theorie: Impulse postmoderner Feminismen, in: Nohr/ Veth (Hg.): Gender Mainstreaming. Kritische Reflexionen einer neuen Strategie, Berlin: 141- 157

Dölling, Irene/ Beate Krais (Hg.) (1997): Ein alltägliches Spiel. Geschlechterkonstruktion in der sozialen Praxis, Vorwort der Herausgeberinnen: 7-14

Dreitzel, Hans Peter (1962): Elitebegriff und Sozialstruktur. Eine soziologische Begriffs-analyse, in: Helmut Plessner (Hg.), Göttinger Abhandlungen zur Soziologie, Band 6, Stuttgart

Ebrecht Jörg/ Frank Hillebrandt (Hg.) (2002): Bourdieus Theorie der Praxis. Erklärungs-kraft, Anwendung, Perspektiven, Wiesbaden

Eliten in der Bundesrepublik Deutschland (1999): Stuttgart

Endruweit, Günter (1986): Elite und Entwicklung. Theorie und Empirie zum Einfluss von Eliten auf Entwicklungsprozesse. Europäische Hochschulschriften: Reihe 22, Bd. 118, Franfurt a. M./ Bern/ New York

Engler, Steffani (2001): „In Einsamkeit und Freiheit"? Zur Konstruktion der wissen-schaftlichen Persönlichkeit auf dem Weg zur Professur, Konstanz

Engler, Steffani/ Karin Zimmermann (2002): Das soziologische Denken Bourdieus − Reflexivität in kritischer Absicht, in: Bittlingmayer/ Eickelpasch/ Kastner/ Radema-cher (Hg.): Theorie als Kampf?, Opladen: 35-47

Ettrich, Frank/ Richard Utz (2002): Zwischen „Prominenz" und „Nomenklatura". Überle-gungen zu neuerer Eliten-Literatur, in: Berliner Journal für Soziologie, Heft 3: 389-403

Felber, Wolfgang (1986): Eliteforschung in der Bundesrepublik Deutschland. Analyse, Kritik, Alternativen, Stuttgart

Felt, Ulrike/ Helga Nowotny/ Klaus Taschwer (1995): Wissenschaftsforschung. Eine Einführung, Frankfurt/ M., New York

Fischer, Dietlind/ Barbara Friebertshäuser/ Elke Kleinau (Hg) (1999): Neues Lehren und Lernen an der Hochschule. Einblicke und Ausblicke, Weinheim

Frerichs, Petra/ Margareta Steinrücke (Hg.) (1997): Klasse, Geschlecht, Kultur. Berichte des ISO 54, Köln

Frerichs, Petra/ Margareta Steinrücke (1997): Klasse und Geschlecht, in: Dies. (Hg.), Klasse, Geschlecht, Kultur. Berichte des ISO 54, Köln: 12-43

Glatzer, Wolfgang/ Ilona Ostner (Hg.) (1999): Deutschland im Wandel. Sozialstrukturelle Analysen, Opladen

Haraway, Donna (1995): Situiertes Wissen. Die Wissenschaftsfrage im Feminismus und das Privileg einer partialen Perspektive, in: Dies.. Die Neuerfindung der Natur. Pri-maten, Cyborgs und Frauen, Frankfurt/ New York.: 73-97

Hartmann, Michael (2002): Der Mythos von den Leistungseliten. Spitzenkarrieren und soziale Herkunft in Wirtschaft, Politik, Justiz und Wissenschaft. Frankfurt, New Y-ork

Heintz, Bettina (1993): Wissenschaft im Kontext. Neuere Entwicklungstendenzen der Wissenschaftssoziologie, in: Kölner Zeitschrift für Soziologie und Sozialpsycholo-

gie, Heft 3: 528-552
Herzog, Dietrich (1992): Zur Funktion der Politischen Klasse in der sozialstaatlichen Demokratie der Gegenwart, in: Leif/ Legrand/ Klein (Hg.), Die politische Klasse in Deutschland. Eliten auf dem Prüfstand: 126-149
Hitzler, Ronald/ Stefan Hornbostel/ Cornelia Mohr (Hg.) (2004): Elitenmacht. Wiesbaden
Hoecker, Beate (1998): Frauen, Männer und die Politik, Bonn
Höppel, Dagmar (2000): Mentoring – eine Strategie zur Nachwuchsförderung, in: Mischau/ Kramer/ Blättel-Mink (Hg.): Frauen in Hochschule und Wissenschaft – Strategien der Förderung zwischen Integration und Autonomie, Baden-Baden: 81-89
Hoffmann-Lange, Ursula (1990): Wer gehört zur Machtelite der Bundesrepublik? in: Eliten in der Bundesrepublik Deutschland, Stuttgart: 164-178
Hoffmann-Lange, Ursula (1992): Eliten, Macht und Konflikt in der Bundesrepublik, Opladen
Hoffmann-Lange, Ursula/ Wilhelm Bürklin (1999): Generationswandel in der (west)deutschen Elite, in: Glatzer/ Ostner (Hg.): Deutschland im Wandel. Sozialstrukturelle Analysen, Opladen: 163-177
Hradil, Stefan/ Peter Imbusch (Hg.) (2003): Oberschichten – Eliten – Herrschende Klassen, Opladen
Imbusch, Peter (2003): Konjunkturen, Probleme und Desiderata sozialwissenschaftlicher Elitenforschung, in: Hradil/ Imbusch (Hg.): Oberschichten – Eliten – Herrschende Klassen, Opladen: 11-32
Jaeggi, Urs (1969): Macht und Herrschaft in der Bundesrepublik, Frankfurt/ M.
Kahlert, Heike (1999): Wer fürchtet sich vor weiblicher Elite? Zur Diskussion um Chancengleichheit und Eliteförderung im Bildungswesen, in: Fischer/ Friebertshäuser/ Kleinau (Hg): Neues Lehren und Lernen an der Hochschule, Weinheim: 61-87
Kampshoff Marita/ Beatrix Lumer (Hg.) (2002): Chancengleichheit im Bildungswesen, Opladen
Keller, Andreas (2000): Hochschulreform und Hochschulrevolte. Selbstverwaltung und Mitbestimmung in der Ordinarienuniversität, der Gruppenuniversität und der Hochschule des 21. Jahrhunderts, Marburg
Klausmann Christina (2000): Die bürgerliche Frauenbewegung im Kaiserreich – eine Elite? in: Schulz (Hg.): Frauen auf dem Weg zur Elite, München: 61-77
Knapp, Grudrun-Axeli/ Angelika Wetterer (Hg.) (2001): Soziale Verortung der Geschlechter. Gesellschaftstheorie und feministische Kritik, Münster
Knorr-Cetina, Karin (1991): Die Fabrikation von Erkenntnis, Frankfurt/ M.
Krais, Beate (1993): Geschlechterverhältnis und symbolische Gewalt, in: Praxis und Ästhetik, Frankfurt/ M.: 208-250
Krais, Beate (2000): Die Wissenschaftselite, in: Kursbuch 139: Die neuen Eliten: 137-145
Krais, Beate (Hg.) (2001): An der Spitze. Von Eliten und herrschenden Klassen, Konstanz
Krais, Beate (2001): Die Spitzen der Gesellschaft. Theoretische Überlegungen, in: Dies.(Hg.): An der Spitze, Konstanz: 7-62
Krais, Beate (2003): Begriffliche und theoretische Zugänge zu den ‚oberen Rängen' der Gesellschaft, in: Hradil/ Imbusch (Hg.): Oberschichten – Eliten – Herrschende Klassen, Opladen: 35-54
Kreisky, Eva (1995): Der Stoff, aus dem die Staaten sind. Zur männerbündischen Fundierung politischer Ordnung in: Becker-Schmidt/ Knapp (Hg.), Das Geschlechterverhältnis als Gegenstand der Sozialwissenschaften, Frankfurt, New York: 85-124
Kreisky, Eva/ Birgit Sauer (Hg.) (1997): Das geheime Glossar der Politikwissenschaft. Geschlechtskritische Inspektion der Kategorien einer Disziplin, Frankfurt, New York
Krohn, Wolfgang/ Günter Küppers (1989): Die Selbstorganisation der Wissenschaft,

Frankfurt/ M.
Krüger, Helga (Hg.) (1992): Frauen und Bildung. Bielefeld
Kulawik, Theresa/ Birgit Sauer (Hg.) (1996): Der halbierte Staat. Grundlagen feministischer Politikwissenschaft, Frankfurt/ M., New York
Kursbuch 139 (2000): Die neuen Eliten, Berlin
Leif, Thomas/ Hans-Josef Legrand/ Ansgar Klein (Hg.) (1992): Die politische Klasse in Deutschland. Eliten auf dem Prüfstand., Bonn, Berlin
Leif, Thomas (1992): Personalrekrutierung der SPD: kopf- und konzeptionslos, in: Leif/ Legrand/ Klein (Hg.): Die politische Klasse in Deutschland. Eliten auf dem Prüfstand, Bonn, Berlin: 223-240
Lenk, Kurt (1982): „Elite" – Begriff oder Phänomen? In: Aus Politik und Zeitgeschichte, 32, H B 42: 27-37
Matthies, Hildegard/ Ellen Kuhlmann/ Maria Oppen/ Dagmar Simon (2001): Karrieren und Barrieren im Wissenschaftsbetrieb. Geschlechterdifferente Teilhabechancen in außeruniversitären Forschungseinrichtungen, Berlin
Matthies, Hildegard/ Ellen Kuhlmann/ Maria Oppen/ Dagmar Simon (Hg.) (2003): Gleichstellung in der Forschung. Organisationspraktiken und politische Strategien, Berlin
Mayntz, Renate (1994): Deutsche Forschung im Einigungsprozess: Die Transformation der Akademie der Wissenschaften der DDR 1989-1992, Frankfurt/ M.
Mayntz, Renate (1994a): Aufbruch und Reform von oben. Ostdeutsche Universitäten im Transformationsprozess, Frankfurt/ M.
Merton, Robert K. (1985): Entwicklung und Wandel von Forschungsinteressen. Aufsätze zur Wissenschaftssoziologie. Mit einer Einleitung von Nico Stehr, Frankfurt/ M.
Metz-Göckel, Sigrid (2000): Bildungseliten und Elitebildung von Frauen: Positionen, Probleme, Perspektiven im Kontext der Internationalen Frauenuniversität, in: Dies. et al. (Hg.): Hochschulreform und Geschlecht, Opladen: 128-154
Metz-Göckel, Sigrid (2002): „Ein bisschen Größenwahn steht jeder Frau". Zur Normalisierung einer Elitebildung von Frauen, in: Kampshoff/ Lumer (Hg.): Chancengleichheit im Bildungswesen, Opladen: 109-129
Metz-Göckel, Sigrid (2004): Exzellenz und Elite im amerikanischen Hochschulsystem. Portrait eines Women's College. Wiesbaden
Metz-Göckel, Sigrid/ Christa Schmalzhaff-Larsen/ Eszter Belinszki (Hg.) (2000): Hochschulreform und Geschlecht. Neue Bündnisse und Dialoge, Opladen
Metz-Göckel, Sigrid/ Karin Zimmermann (1999): Von der ‚Legitimationsfrau' zur anerkannten Expertin? Zur Konstruktion von Steuerungseliten in Reorganisationsprozess der Hochschulen, Dortmund (Forschungsantrag an die Deutsche Forschungsgemeinschaft)
Mischau, Anina/ Caroline Kramer/ Birgit Blättel-Mink (Hg.) (2000): Frauen in Hochschule und Wissenschaft – Strategien der Förderung zwischen Integration und Autonomie, Baden-Baden
Meyer, Birgit (1997): Frauen im Männerbund. Politikerinnen in Führungspositionen von der Nachkriegszeit bis heute, Frankfurt/ New York
Mills, Charles Wright (1962): Die amerikanische Elite. Gesellschaft und Macht in den Vereinigten Staaten, Hamburg
Mittelstraß, Jürgen (1984): Fortschritt und Eliten – Analysen zur Rationalität unserer Industriegesellschaft, Konstanzer Universitätsreden 150, Konstanz
Müller-Böling, Detlef (2000): Die entfesselte Hochschule, Gütersloh
Neusel Aylâ/ Angelika Wetterer (1999): Vielfältige Verschiedenheiten. Geschlechterverhältnisse in Studium, Hochschule und Beruf, Frankfurt/ New York
Nohr, Barbara/ Silke Veth (Hg.) (2002): Gender Mainstreaming. Kritische Reflexionen

einer neuen Strategie, Berlin
Oehler, Christoph (2000): Staatliche Hochschulplanung in Deutschland, Rationalität und Steuerung in der Hochschulpolitik, Neuwied, Kriftel, Berlin
Pasternack, Peer (1998): Effizienz, Effektivität & Legitimität. Die deutsche Hochschulreformdebatte am Ende der 90er Jahre, Arbeitsberichte des Instituts für Hochschulforschung Wittenberg (HoF) Nr. 4
Pellert Ada (1999): Die Universität als Organisation. Die Kunst Experten zu managen, Wien
Penrose, Virginia (1993): Orientierungsmuster des Karriereverhaltens deutscher Politikerinnen. Ein Ost-West-Vergleich, Bielefeld
Peters, Birgit (1994): Prominenz. Eine soziologische Analyse ihrer Entstehung und Wirkung, Opladen
Praxis und Ästhetik (1993). Neue Perspektiven im Denken Pierre Bourdieus, hrsg. v. Gunter Gebauer und Christopf Wulf, Frankfurt/ M.
Rademacher, Claudia (2001): Geschlechterrevolution – rein symbolisch? Judith Butlers Bourdieu-Lektüre und ihr Konzept einer ‚subversiven Identitätspolitik', in: Dies./ Wiechens (Hg.): Geschlecht, Ethnizität, Klasse, Opladen: 31-51
Rademacher, Claudia (2002): Jenseits männlicher Herrschaft. Pierre Bourdieus Konzept einer Geschlechterpolitik, in: Ebrecht/ Hillebrandt (Hg.): Bourdieus Theorie der Praxis, Wiesbaden: 127-138
Rademacher, Claudia/ Peter Wiechens (Hg.) (2001): Geschlecht, Ethnizität, Klasse. Zur sozialen Konstruktion von Hierarchie und Differenz, Opladen
Rebenstorf, Hilke (1995): Die politische Klasse. Zur Entwicklung und Reproduktion einer Funktionselite, Frankfurt/ M, New York
Roloff, Christine (1998): Entwicklung der Frauenanteile in den Hochschulleitungen, in: Neue Impulse, Heft 3: 3
Roloff, Christine (2002): Personalentwicklung, Geschlechtergerechtigkeit und Qualitätsmanagement an der Hochschule, Bielefeld
Rossiter, Margaret W. (1993): The Matthew Matilda Effect in Science, in: Social Studies of Science, Vol. 23: 325-341
Roth, Roland (1992): Eliten und Gegeneliten. Neue soziale Bewegungen als Herausforderung ‚demokratischer Elitenherrschaft', in: Leif/ Legrand/ Klein (Hg.): Die politische Klasse in Deutschland. Eliten auf dem Prüfstand, Bonn, Berlin: 364-390
Sauer, Birgit (1997): „Normale" Männlichkeit. Der Beitrag der Transformationsforschung zum Erhalt geschlechtsblinder Paradigmata in der Politikwissenschaft, in: Kreisky/ Sauer (Hg.), Das geheime Glossar der Politikwissenschaft, Frankfurt/ M., New York: 214-253
Schaeffer-Hegel, Barbara (1995): Frauen mit Macht. Zum Wandel der politischen Kultur durch die Präsenz von Frauen in Führungspositionen, Pfaffenweiler
Schöler-Macher, Bärbel (1992): Eliten ohne Frauen. Erfahrungen von Politikerinnen mit einer männlich geprägten Alltagswirklichkeit in Parteien und Parlamenten, in: Leif/ Legrand/ Klein (Hg.): Die politische Klasse in Deutschland. Eliten auf dem Prüfstand, Bonn, Berlin: 405-422
Schöler-Macher, Bärbel (1994): Die Fremdheit der Politik. Erfahrungen von Frauen in Parteien und Parlamenten, Weinheim
Scheuch, Erwin K./ Ute Scheuch (1992): Cliquen, Klüngel und Karrieren. Über den Verfall der politischen Parteien – eine Studie, Reinbek
Schimank, Uwe (1995): Für eine Erneuerung der institutionalistischen Wissenschaftssoziologie, in: Zeitschrift für Soziologie, Jg. 24, Heft1: 42-57
Schnapp, Kai-Uwe (1997): Soziale Zusammensetzung von Elite und Bevölkerung – Verteilung von Aufstiegschancen in die Elite im Zeitvergleich, in: Bürklin/ Rebenstorf et

al. (Hg.) (1997): Eliten in Deutschland. Rekrutierung und Integration: 69-100
Schulz, Günther (Hg.) (2000): Frauen auf dem Weg zur Elite, München
Sektion Frauenforschung in den Sozialwissenschaften in der DGS (Hg.) (1985): Frauenforschung. Beiträge zum 22. Dt. Soziologentag in Dortmund 1984, Frankfurt/ New York
Spiegel-Rösing, I. (1973): Wissenschaftsentwicklung und Wissenschaftssteuerung. Einführung und Material zur Wissenschaftsforschung, in: Sozialwissenschaftliche Paperbacks, Sonderserie: Perspektiven der Wissenschaftsforschung, Bd. IIc, hrsg. v. Peter Weingart, Frankfurt/ M.
Statistisches Bundesamt (2002): Pressemitteilung vom 12.07.2002
Stichweh, Rudolf (2000): Die Weltgesellschaft. Soziologische Analysen, Frankfurt/ M.
Vester, Michael/ Peter von Oertzen/ Heiko Geiling/ Thomas Hermann/ Dagmar Müller (2001): Soziale Milieus im gesellschaftlichen Strukturwandel. Zwischen Integration und Ausgrenzung, Frankfurt
Vester, Michael/ Daniel Gardemin (2001): Milieu, Klasse und Geschlecht. Das Feld der Geschlechterungleichheit und die „protestantische Alltagsethik", in: KZfSS, Sonderheft 41: 454-486
Vogel, Barbara (2000): Eliten – ein Thema der Frauenforschung? in: Schulz (Hg.): Frauen auf dem Weg zur Elite, München: 15-40
Weege, Wilhelm (1992): Politische Klasse, Elite, Establishment, Führungsgruppen. Ein Überblick über die politik- und sozialwissenschaftliche Diskussion, in: Leif/ Legrand/ Klein (Hg.), Die politische Klasse in Deutschland. Eliten auf dem Prüfstand., Bonn, Berlin: 35-64
Weingart Peter (2001): Die Stunde der Wahrheit? Zum Verhältnis der Wissenschaft zu Politik, Wirtschaft und Medien in der Wissensgesellschaft, Weilerswist
Welzel, Christian (1997): Demokratischer Elitenwandel. Die Erneuerung der ostdeutschen Elite aus demokratie-soziologischer Sicht. Opladen
Weneràs, Christine/ Agnes Wold (1997): Nepotism and sexism in peer-review, in: Nature, Vol. 387, No. 6631, 22.5.1997: 341-343
Wetterer, Angelika (1985): „Nein, selbst beworben hätte ich mich nie!" – Zum Selbstverständnis von Wissenschaftlerinnen, in: Sektion Frauenforschung in den Sozialwissenschaften in der DGS (Hg.): Frauenforschung. Frankfurt/ M., New York
Wingens, Matthias (1998): Wissensgesellschaft und Industrialisierung der Wissenschaft, Wiesbaden
Wissenschaftsrat (1990): Perspektiven für Wissenschaft und Forschung auf dem Weg zur deutschen Einheit. Zwölf Empfehlungen, Köln
Wissenschaftsrat (1992): Empfehlungen zur künftigen Struktur der Hochschullandschaft in den neuen Ländern und im Ostteil von Berlin, Teil 1, Köln
Wissenschaftsrat (2000): Thesen zur künftigen Entwicklung des Wissenschaftssystems in Deutschland, Köln
Wissenschaftsrat (2002): (Selbstdarstellung): wissenschaftsrat.de, verfügbar am 10. 11. 2002
www.fu-berlin.de/fun/12-00/leute/leute11.html, verfügbar: 21.10.2002
Zimmermann, Karin (2000): Spiele mit der Macht in der Wissenschaft. Passfähigkeit und Geschlecht als Kriterien für Berufungen, Berlin
Zimmermann, Karin (2002): Berufungsspiele des wissenschaftlichen Feldes im Lichte des Konzepts symbolische Gewalt, in: Ebrecht/ Hillebrandt (Hg.), Bourdieus Theorie der Praxis, Wiesbaden: 139-151
Zimmermann, Karin (2002a): Geschlechterkonstellationen im Feld wissenschaftlicher Eliten, in: Zeitschrift für Frauenforschung Geschlechterstudien, Heft3/2002: 30-48

Anhang

Leitungsaufgaben und Leitungspositionen: Das Kapital an wissenschaftlicher und universitärer Macht (Anhang zu Kapitel II.2.3)

	Universitäten	FH	Außeruniversitäre Forschung	DFG	WR	HRK
Männer (abs.)	70	19	32	52	34	13
Männer %	111,0	30,2	50,8	82,5	54,0	20,6
Frauen (abs.)	14	8	5	13	5	4
Frauen %	77,8	44,4	27,8	72,2	27,8	22,2

In den folgenden Tabellen sind die Ämter, Leitungspositionen und -funktionen insgesamt (aus der vorherigen Tabelle) weiter ausdifferenziert aufgeführt.

Universitäten	Rektor/in, Präsident/in	Prorektor/in, Vizepräsident/in	Dekan/in	Sonstige leitende Tätigkeiten	Insgesamt
Frauen absolut	1	2	5	7[65]	14
Männer absolut	16	12	28	2	58

Universitätskliniken	Dekan/in (medizinische Fakultät)	Ärztliche Leitung/ Direktorium	Instituts-/ Abteilungsleitung	Vorstand	Insgesamt
Frauen absolut	0	0	0	.	0
Männer absolut	5	3	2	2	12

Fachhochschulen	Rektor/in, Präsident/in	Prorektor/in, Vizepräsident/in	Dekan/in	Gründungs-/ Aufsichtsgremien (Hochschulrat, Kuratorium)	Insgesamt
Frauen absolut	2	3	2	1	8
Männer absolut	7	4	5	3	19

Wissenschaftsrat	Vorsitzende/r	WK	Arbeitsgruppen und Ausschüsse	Insgesamt
Frauen absolut	0	2	3	5
Männer absolut	2	15	17	35

---

65 Die sieben von Frauen unter ‚sonstige' genannten Funktionen betreffen: ein Mal die Bezeichnung ‚Fachsprecher' (möglicherweise in Gremien akademischer Selbstverwaltung), zwei Sprecherinnen für die an der Hochschule angesiedelten Sonderforschungsbereiche, drei Gründerinnen bzw. geschäftsführende Direktorinnen von nicht näher bezeichneten ‚Zentren' sowie ein Mal ‚Frauenbeauftragte'. Die beiden von Männern unter ‚sonstige' genannten Funktionen betreffen die Bezeichnung Senatsmitglied und Vorsitzender einer Strukturkommission.

DFG	Präsident/in	Vizepräsident/in	Senator/in	Hauptausschuss	Fachausschüsse	Forschungs-/ Nachwuchsförderung	Kommissionen/ Senats- + Hauptausschüsse	Sonstige Ausschüsse bzw. Arbeitsgruppen	Insgesamt
Frauen abs.	0	0	3	4	1	3	1	0	13
Männer abs	1	1	8	4	18	13	4	3	52

HRK	Präsident/in	Vizepräsident/in	(Stellvertretende/r) Sprecher/in Fach + Hochschulen	Mitglied in ständigen Ausschüssen, Kommissionen und AG's	Insgesamt
Frauen absolut	0	0	1	3	4
Männer absolut	2	3	2	6	13

Außeruniversitäre Forschungseinrichtungen

Forschung	Präsident/in	Vizepräsident/in	Senator/in	Instituts- / Abteilungsleitung	sonstige mit Leitungsfunktion	AG's, Ausschussmitglied	Insgesamt
Frauen absolut	0	0	1	2	0	2	5
Männer absolut	8	2	5	10	3	4	32

Soziale Ungleichheit

Eva Barlösius
Neuere Theorien sozialer Ungleichheiten
Grundfragen und Perspektiven
2004. ca. 220 S. Br. EUR 17,90
ISBN 3-531-14311-5

Seit ihren Anfängen beschäftigt sich die Ungleichheitssoziologie mit theoretischen Grundfragen, die bis heute ungelöst sind. In dem Buch werden neuere Antworten vorgestellt wie Elias' Etablierten-Außenseiter-Figuration, Kreckels Zentrum-Peripherie-Metapher, Bourdieus Habitusmodell und Feldtheorie und Luhmanns Unterscheidung von Inklusion und Exklusion. Auf dieser Basis werden neue Konzepte entwickelt, die zwar nicht beanspruchen, die Grundfragen zu lösen wohl aber die Forschungspraxis voranzutreiben.

Peter A. Berger,
Volker H. Schmidt (Hrsg.)
Welche Gleichheit – welche Ungleichheit?
Grundlagen der Ungleichheitsforschung
2004. 244 S. mit 4 Abb. Br. EUR 26,90
ISBN 3-8100-4200-5

Der Band widmet sich Fragen danach, welche Gleichheiten in zeitgenössischen Gesellschaften anzustreben, welche Ungleichheiten zu vermeiden sind. Er leistet damit zugleich einen Beitrag zur grundlagentheoretischen Diskussion in der soziologischen Ungleichheitsforschung.

Nicole Burzan
Soziale Ungleichheit
Eine Einführung in die zentralen Theorien
2004. 209 S. mit 25 Abb.
Br. EUR 17,90
ISBN 3-531-14145-7

Das Buch bietet eine gut verständliche Einführung in ein zentrales Thema der Sozialwissenschaften: Soziale Ungleichheit.

Marc Szydlik (Hrsg.)
Generation und Ungleichheit
2004. 276 S. Br. EUR 24,90
ISBN 3-8100-4219-6

Das Buch behandelt den Zusammenhang von Ungleichheit und Generationenbeziehungen und zeigt auf, wie sich Ungleichheiten über Generationen hinweg fortsetzen und eher größer als kleiner werden.

Erhältlich im Buchhandel oder beim Verlag.
Änderungen vorbehalten. Stand: Juli 2004.

www.vs-verlag.de

VS VERLAG FÜR SOZIALWISSENSCHAFTEN

Abraham-Lincoln-Straße 46
65189 Wiesbaden
Tel. 0611.7878-722
Fax 0611.7878-400

Neu im Programm Soziologie

Gabriele Klein
Electronic Vibration
Pop - Kultur - Theorie
2004. 310 S. Br. EUR 24,90
ISBN 3-8100-4102-5

Das Buch entwickelt eine Kulturtheorie des Pop und legt dabei ein besonderes Augenmerk auf Körperinszenierungen. Auf der Grundlage einer empirischen Untersuchung der Jugendkultur Techno wird eine an Bourdieu und den Cultural Studies angelehnte theoretische Skizze der Popkultur vorgestellt, die die lebensweltliche Relevanz globalisierter Kulturen, wie es jugendliche (Pop)Musikkulturen seit ihren Anfängen sind, herausarbeitet. Das Buch gibt Antworten auf die Fragen, warum Techno eine Tanzkultur war und ist und welche Rolle die Körpertechniken und -inszenierungen in dieser Jugendkultur spielen.

Corinna Kleinert
FremdenFeindlichkeit
Einstellungen junger Deutscher
zu Migranten
2004. 318 S. Br. EUR 32,90
ISBN 3-531-14202-X

In diesem Buch wird das Phänomen Fremdenfeindlichkeit grundlegend analysiert: Was ist unter Fremdheit zu verstehen? Warum und wann werden Fremde zu Feinden? Warum trifft das Phänomen nur bestimmte Gruppen von Fremden, andere hingegen nicht? Was sind die Ursachen fremdenfeindlicher Einstellungen? Diese Fragen werden nicht nur theoretisch beantwortet, sondern empirisch anhand einer deutschlandweit repräsentativen Befragung nachgeprüft.

Christine Weinbach
Systemtheorie und Gender
Das Geschlecht im Netz
der Systeme
2004. 206 S. Br. EUR 24,90
ISBN 3-531-14178-3

In dieser Arbeit wird zum ersten Mal der systematische Versuch einer fruchtbaren Begegnung von Systemtheorie und Gender Studies vorgenommen. Ausgangspunkt bildet die Unterscheidung von Bewusstsein und Kommunikation. Die These lautet, dass die je spezifische Strukturierung der stets geschlechtlichen Person einen geschlechtstypischen psychischen und sozialen Unterschied macht.

Erhältlich im Buchhandel oder beim Verlag.
Änderungen vorbehalten. Stand: Juli 2004.

www.vs-verlag.de

VS VERLAG FÜR SOZIALWISSENSCHAFTEN

Abraham-Lincoln-Straße 46
65189 Wiesbaden
Tel. 0611.7878-722
Fax 0611.7878-400

MIX
Papier aus verantwortungsvollen Quellen
Paper from responsible sources
FSC® C105338

If you have any concerns about our products,
you can contact us on
ProductSafety@springernature.com

In case Publisher is established outside the EU,
the EU authorized representative is:
**Springer Nature Customer Service Center GmbH
Europaplatz 3, 69115 Heidelberg, Germany**

Printed by Libri Plureos GmbH
in Hamburg, Germany